LES GRANDS ARTISTES

DAVID

[Cha]rles SAUNIER

LES GRANDS ARTISTES

Louis DAVID

LES GRANDS ARTISTES

COLLECTION D'ENSEIGNEMENT ET DE VULGARISATION

Placée sous le Haut Patronage

DE

L'ADMINISTRATION DES BEAUX-ARTS

Volumes parus :

Raphaël, par Eugène Muntz.
Albert Dürer, par Auguste Marguillier.
Watteau, par Gabriel Séailles.
Titien, par Maurice Hamel.
Léonard de Vinci, par Gabriel Séailles.
Eugène Delacroix, par Maurice Tourneux.
Rubens, par Gustave Geffroy.
J.-F. Millet, par Henry Marcel.
Pierre Puget, par Philippe Auquier.
Ingres, par Jules Momméja.
Poussin, par Paul Desjardins.
Van Dyck, par Fierens-Gevaert.
Velazquez, par Élie Faure.
Chardin, par Gaston Schefer.
La Tour, par Maurice Tourneux.
Fragonard, par Camille Mauclair.

Volumes à paraître :

Ruysdael, par Georges Riat.
Gainsborough, par Gabriel Mourey.
Claude Lorrain, par Raymond Bouyer.
Hogarth, par François Benoît.

9668-03. — Corbeil. Imprimerie Éd. Crété.

LES GRANDS ARTISTES

LEUR VIE — LEUR ŒUVRE

Louis DAVID

PAR

CHARLES SAUNIER

BIOGRAPHIE CRITIQUE

ILLUSTRÉE DE VINGT-QUATRE REPRODUCTIONS HORS TEXTE

PARIS

LIBRAIRIE RENOUARD

HENRI LAURENS, ÉDITEUR

6, RUE DE TOURNON (VIe)

LOUIS DAVID

De son vivant, Louis David a connu l'extrême gloire. Par contre, sa mémoire a eu à souffrir du mépris le plus injuste.

Desservi par des disciples enthousiastes mais souvent sans génie, qui s'en tinrent à la lettre et non à l'esprit, David a été considéré, pendant le cours du XIXe siècle, comme le pire des réacteurs. Il avait, disait-on, étouffé l'art du XVIIIe siècle et, s'il n'avait tenu qu'à lui, le tumultueux mouvement romantique ne se fût jamais picturalement affirmé. On ne lui pardonnait pas non plus d'avoir accepté de jouer un rôle politique. Ah ! si, comme tant d'autres, il se fût enfui à Coblentz afin d'exécuter à l'abri des passions, sous une protection royale, quelques-uns de ces beaux portraits sur le mérite desquels tout le monde est d'accord, on eût certes passé condamnation. Mais il partagea les enthousiasmes et les haines de son époque, il joua un rôle ! C'était trop. La clameur fut générale : « A bas le tyran ! »

La critique revient, il est vrai, à un jugement plus sain, partant plus favorable.

On a trop oublié qu'au moment où David s'affirma, l'art du XVIIIe siècle agonisait, ses derniers représentants tombaient dans la fadeur et le ridicule. L'art exigeait une orientation nouvelle. Pour combattre la joliesse et le factice, David imposa, il est vrai, la superstition de l'antique, et quel antique : le romain! Mais cette superstition n'allait pas sans un retour à la nature, à l'observation. Les disciples de Le Moyne et de Boucher ne regardaient plus le modèle, encore moins l'homme. David revint au modèle et chercha à concilier la part de vérité qu'il accusait et la fausse beauté antique, la seule qu'il fût à même de connaître. C'est une étape. Il appartenait à Ingres et aux artistes du XIXe siècle de revenir complètement à la vie et à la vérité. David fut théâtral dans les *Horaces*, le *Socrate*, les *Sabines*, mais véridique dans le *Marat*, le *Sacre*, ses beaux portraits. Il est l'indispensable précurseur de l'école réaliste du XIXe siècle. Le fougueux Géricault le sentit bien, lui, qui fit le pèlerinage de Bruxelles pour saluer David exilé. Gros et Ingres sont sortis de David. Et il est permis de penser que Courbet n'eût pas renié le *Marat*, ni Manet, le *Bara*.

On s'est efforcé, dans ce petit livre, d'expliquer l'artiste et l'homme. On l'a fait sans phrases, le plus véridiquement possible. Les faits sont ici trop éloquents pour qu'on ait songé à les farder.

I

Jacques-Louis David est né à Paris, le 30 août 1748, quai de la Mégisserie, où son père, Maurice David, faisait le commerce des fers. Les ascendants de celui-ci ne tenaient en rien à l'art. Au contraire, la famille de sa femme, Marie-Geneviève Buron, était en relations suivies avec des artistes. Le père de Mme David était maître maçon, un de ses oncles, architecte, et ses deux sœurs avaient épousé, l'une Jacques Desmaisons, architecte du roi, membre de l'Académie royale d'architecture, l'autre Marc Desisfontaux, maître charpentier. Enfin, si, des recherches de Jal, il n'apparaît pas que David ait réellement été apparenté à François Boucher, il est permis de supposer que celui-ci était un très vieil ami de la famille. Son opinion décida, au reste, de l'avenir de David.

A l'âge de sept ans, Louis David fut mis en pension à Picpus. Mais, quelques mois après, son père, qui avait acheté une charge de commis aux Aydes, du département de Beaumont-sur-Auge, ayant été tué en duel dans cette ville, le 2 décembre 1757, Mme David rappela le jeune Louis, près d'elle, et le confia à un répétiteur dont les élèves suivaient les cours du collège de Beauvais. Il termina ses études au collège des Quatre-Nations où il resta jusqu'en rhétorique. De temps à autre il s'échappait pour suivre les cours de dessin que l'Académie de

Saint-Luc avait ouverts près du Haut-Moulin, dans une ancienne chapelle.

Il n'était point dans l'idée de ses parents de faire de Louis David un peintre. On le destinait à l'architecture. N'avait-il pas, pour le guider et lui faciliter l'accès de la carrière, ses oncles Desmaisons et Buron? Celui-ci était particulièrement libéral. Il avait aidé Sedaine à ses débuts. De même, lorsque le jeune David insista pour être peintre, lui et sa femme plaidèrent les premiers la cause de leur neveu. Les autres membres de la famille s'étant laissé convaincre, Louis David fut présenté à Boucher. Le célèbre artiste reconnut dans les études et croquis qui lui étaient soumis des dons véritables, mais se sentant trop âgé pour diriger le débutant, il le recommanda à Vien qui avait un atelier d'élèves. Vien était l'apôtre de la réforme néo-classique, et cela ne laissait pas que d'inquiéter un peu Boucher : « Vous irez chez Vien, dit-il à David, c'est un bon peintre et qui professe bien : il est un peu froid, mais venez me voir souvent, et lorsque vous m'apporterez vos ouvrages, je corrigerai le défaut de ce maître en vous apprenant à mettre de la chaleur et à casser un bras et une jambe avec grâce. »

Chez Vien, David eut comme condisciples Regnault, Vincent, Ménageot qui devaient laisser un nom. Il fit de rapides progrès. Aussi, dès septembre 1766, fut-il admis à suivre les cours de l'Académie royale de peinture et de sculpture qui menaient à la bourse de séjour à Rome. Mais, plusieurs années devaient s'écouler avant qu'il obtînt

Cliché Lévy.

LOUIS DAVID PAR LUI-MÊME
peint pendant sa détention à l'Hôtel des Fermes.
(Musée du Louvre.)

la récompense suprême. Caractère orgueilleux et susceptible, David eut, en attendant le jour du triomphe, bien des mortifications à subir. Le chemin qui le mena au succès fut souvent âpre et son caractère garda toujours l'empreinte des souffrances endurées.

En 1770, David tenta, en vain, de monter en loges. Admis à concourir en 1771, il obtint un second prix avec le *Combat de Mars et de Minerve*, conservé au Louvre. Il faillit même, dit-on, enlever le premier prix, mais Vien, mécontent de voir David concourir sans son assentiment, aurait insisté pour que la récompense suprême ne lui fût pas accordée.

En 1772, David est admis le premier en loges. Malgré ce présage heureux, il n'obtient pas le prix. A vrai dire, la fatalité s'en est mêlée. Sa toile, *Diane et Apollon percés de flèches par les enfants de Niobé*, s'est craquelée. Cependant il lui semble qu'un jury équitable aurait dû passer outre et le juger sur son savoir reconnu. Aigri par cet insuccès, il tente de se suicider et il faut toute l'éloquence de Sedaine et l'amitié de Doyen pour lui faire reprendre courage. Nouvel échec en 1773, année où il voit Peyron remporter le prix avec une *Mort de Sénèque*.

Mil sept cent soixante-quatorze le venge. Il a traité avec habileté et élégance le sujet proposé : *Éristrate découvre la cause de la maladie d'Antiochus dans son amour pour Stratonice*. Aussi, durant la semaine qui suit la Saint-Louis, a-t-il la satisfaction de voir les artistes et les amateurs s'arrêter avec intérêt devant sa composition. Elle ne fait pas encore prévoir un réformateur. C'est une peinture dans le goût du XVIIIe siècle, couleur vive, gestes affectés, mais avec de réelles qualités. Cette fois le prix tant désiré lui échoit sans opposition.

Il n'a pas eu que des mécomptes durant les années écoulées. En dehors de sa bonne tante Buron qui lui a tant facilité l'accès de la carrière artistique, il bénéficie parmi ses confrères de précieuses amitiés. C'est ainsi que, sur les conseils de certains, Mlle Guimard l'a chargé de terminer les décorations esquissées par Fragonard dans la belle maison que lui a construite, chaussée d'Antin, Ledoux, l'architecte à la mode. La célèbre danseuse a été si satisfaite du travail de David qu'elle lui a commandé son portrait et l'a récompensé généreusement. David n'était pas alors un débutant comme portraitiste. Il avait déjà peint l'oncle et la tante Buron, ainsi que Sedaine, qui lui avait fait obtenir un logement au Louvre.

David va partir pour Rome.

C'est un jeune artiste convaincu de son mérite et imbu des préjugés de l'école de Boucher, malgré son séjour à l'atelier de Vien. A Cochin qui lui dit : « N'allez pas faire à Rome comme tant d'autres, tachez de ne pas vous y couler, rappelez-vous sans cesse votre charmante composition de Sénèque », David répond : « L'antique ne me séduira pas, il manque d'entrain et ne remue pas. » Hélas ! ce seront justement ce manque d'entrain et cette immobilité qui séduiront, au delà du raisonnable, David.

Cliché Lévy.

LE SERMENT DES HORACES.

Musée du Louvre.

Avant que d'aller à Rome, David était tenu de séjourner à l'École royale des élèves protégés. Mais Vien, venant d'être nommé directeur de l'Académie de France à Rome, le maître et l'élève partirent de compagnie, le 2 octobre 1775.

Les chemins sont mauvais, et prolongés les séjours dans les villes. On a le temps de voir, réfléchir et comprendre. Dès Parme où triomphe Corrège, les convictions de David sont ébranlées. A Florence c'est encore autre chose. Puis, quel trouble, quelle révolte peut-être devant le naturalisme des Bolonais! Par réaction, cette révolte se change bientôt en admiration. L'étudiant croit découvrir ici, seulement, les lois d'un art parfait. Rome, avec la Sixtine, les Stances, n'étonnera pas davantage David. Il ne verra tout d'abord en Raphaël, en Michel-Ange, qu'une étape devant mener à Carrache. A son arrivée à Rome, le réaliste qui est en lui, — malgré lui, — se révolte. David délaisse les grands modèles pour courir les rues, la campagne voisine, ainsi qu'en témoignent les centaines de dessins au crayon ou à la plume, lavés d'encre de Chine, qu'il a exécutés les premiers temps de son arrivée en Italie. Puis il revient aux Carraches, au robuste Valentin. Il ne monte guère plus haut, mais s'égare parfois plus bas, vers le Guide. Erreur passagère, ce peintre aimable n'est pas fait pour le colérique David. D'un intérêt bien supérieur sont les deux autres. De la vigueur de Carrache et du Valentin, dont il copie la *Cène*, et de la noblesse du Dominiquin, il se fera, très vite, un semblant de style personnel. Ajoutez à cela des études répétées d'après les bas-reliefs de la colonne Trajane. Oublieux dès lors des promesses à Cochin, de ses succès d'école, notamment de cette figure de la *Douleur* dont le maniérisme lui avait valu la première place au concours d'expression de 1773, il s'efforce de châtier son dessin et d'employer des tonalités vigoureuses.

Les correspondances de Rome signalent David comme un esprit inquiet, soupçonneux. Il s'isole, craignant qu'on ne le copie, que ses camarades ne surprennent ses secrets. Cependant le travail en commun, l'enseignement mutuel a du bon. C'est à un élève, au jeune sculpteur Lamarie, qui a l'autorisation de venir travailler avec les pensionnaires royaux, que David doit la réforme de son dessin. A David qui, habitué à chercher l'effet au moyen de hachures, s'étonnait de la ténacité avec laquelle Lamarie s'efforçait d'obtenir l'équilibre avec le seul trait, celui-ci disait : « Crois-tu que le dessin gît dans quelques hachures plus ou moins bien faites? Le dessin est dans le trait; mets dedans ce que tu voudras. » Et David, avec la ténacité qu'il apporte en toutes choses, réforme son dessin, sa façon d'exprimer. Lui, l'orgueilleux, s'humilie devant Lamarie, qui, absolu, créateur d'un nouveau jargon, encourage ainsi David : « Ça vient, mais ça n'est pas tout à fait ça... Vois-tu, il faut dans ton trait des crampons et des roulettes. » Et David aura des crampons et des roulettes dans son dessin, et ses émules, Regnault « le père la Rotule », ses élèves, encore plus. Il arrivera même un

LAVOISIER ET SA FEMME
(appartient à M. de Chazelles).

moment où ceux-ci dépasseront le but. Ces anatomistes ne feront plus que la caricature du nu.

David n'est pas si isolé, que le grand mouvement néo-antique, dont Rome est le centre, n'agisse sur lui. Peyron, esprit ouvert et érudit, le sculpteur J.-B. Giraud qui possède, avec le talent, la fortune et consacre celle-ci à l'acquisition et au moulage des plus beaux antiques, apportent à l'Académie la bonne nouvelle. Par eux, les pensionnaires sont informés des résultats des fouilles sensationnelles exécutées à Pompéi ou à Herculanum : ils sont initiés aussi aux théories de Lessing et de Mengs, et mis au courant des publications de Winckelmann, de d'Agincourt et du chevalier d'Hamilton. A l'Académie, fréquente aussi Quatremère de Quincy. Son érudition aimable séduit le méfiant David à tel point qu'il consent à faire en sa compagnie le voyage de Naples : c'est là qu'il ébauche le portrait du prince Potocki. Comme travaux de première année, il envoie à Paris un *Triomphe de Paul-Émile*, aujourd'hui perdu, et le *Patrocle* du musée de Cherbourg. Son évolution est encore timide : par certains côtés, il reste fidèle aux errements de l'école française du XVIIIe siècle. Aussi le rapport de la commission chargée de critiquer les envois des pensionnaires de l'Académie de France à Rome lui est-il favorable. « Des encouragements sont dus au sieur David, il montre la plus grande facilité dans le pinceau, sa couleur est animée, quoique peu égale : sa manière de draper est large et vraie. Dans la grande esquisse de bataille, où l'on remarque de la chaleur, on peut reprocher trop de papillotage dans les lumières et des réminiscences trop prochaines de groupes très connus. »

Ces encouragements ne font qu'activer sa fièvre de travail : en 1778, il envoie un *Hector*, figure académique aujourd'hui au musée de Montpellier, et une grande composition, *Funérailles de Patrocle*, comptant de cent cinquante à deux cents figures, et où ses amis de Rome voient « des intentions au goût antique ».

De nouveau, la commission chargée du rapport par l'Académie témoigne sa satisfaction : « Le sieur David nous a montré ses progrès : nous avons remarqué avec plaisir dans sa figure une grande facilité et un beau pinceau. Si l'ensemble laisse encore à désirer, la couleur est vraie et belle dans la lumière. » Mais, déjà les académiciens regrettent, à propos du *Patrocle*, le manque de transparence des ombres, « aussi obscures que si la scène se passait de nuit ».

Ces diverses compositions ne sont que des travaux d'élève. David va commencer à donner sa mesure avec *Saint Roch intercédant la Vierge pour la guérison des pestiférés*. Exécutée par David après une copie fidèle de la *Cène*, du Valentin, son œuvre se ressent de la manière de ce maître. C'est néanmoins un fort bon tableau qui s'imposera partout où il sera placé. Je l'ai revu récemment dans la petite salle du Conseil du bâtiment de la Santé, à Marseille, où il est placé depuis plus de cent vingt ans. La composition est simple et habilement présentée, les figures bien dessinées et caractéristiques, — le pestiféré

Cliché Petiton.

MADAME VIGÉE-LEBRUN.
(Musée de Rouen.)

étendu au premier plan ne s'oublie pas. On peut reprocher un manque de proportion dans le rapport des figures entre elles, mais leur groupement est suffisant, et la couleur, vigoureuse et sobre. Cette peinture est assurément une des meilleures qui aient été produites à l'époque où débutait David.

Ayant bénéficié d'une prolongation de séjour d'une année, pour terminer le *Saint Roch*, David ne quitta Rome que le 17 juillet 1780. Il rapportait les études préparatoires du grand *Bélisaire* et le portrait du comte Potocki. Ces deux œuvres lui firent obtenir le titre d'agréé et par suite le droit d'exposer au Salon de 1781 où il envoya le *Bélisaire*, le portrait du comte Potocki, son *Saint Roch*, les *Funérailles de Patrocle* et une *Femme allaitant son enfant*. L'ensemble dénotait une volonté et déjà de la personnalité. Certes, les visiteurs dont la vision est habituée aux claires tonalités de Boucher ont peine à se faire aux tons durs, sans éclat ni transparence dont abuse David. Mais les esthètes plaident la noblesse des attitudes, le caractère des figures. Le geste de la femme qui se penche vers Bélisaire séduit par sa simplicité : on sait aussi gré à David d'avoir supprimé de ce tableau les accessoires dont abusent ses confrères. Il y a bien le casque tendu par l'enfant. Mais ce casque prend aux yeux des théoriciens une importance extrême. Le critique du *Mercure de France* désirerait que, dans le *Bélisaire*, le soldat qui assiste à la scène eût « une expression d'étonnement moins triviale ». Diderot loue David avec quelques légères réserves : « Je désirerais qu'il eût moins de raideur dans ses chairs, ses muscles n'ont pas assez de flexibilité en quelques endroits. » Le portrait du prince Potocki fut surtout admiré, David s'affirmait déjà portraitiste de premier ordre. Néanmoins, on trouvait les linges lourds et les étoffes trop brillantes.

Pour ses débuts, David a une bonne presse. Des admirateurs lui viennent, et aussi des disciples. Fabre, Wicar, Debret, Germain Drouais furent ses élèves de la première heure. Ces succès et cette notoriété rapide attirent l'attention de M. Pécoul, entrepreneur des Bâtiments du Roi, qui se tient pour honoré du mariage de sa fille avec le jeune peintre.

La cérémonie eut lieu le 16 mai 1782. En Charlotte Pécoul, David n'a pas seulement une femme aimable, des beaux-parents charmants comme en témoignent les visages de belle humeur qui se trouvent aujourd'hui au Louvre, mais encore, par suite de cette union, la facile disposition de la bourse bien garnie de M. Pécoul. Bourse généreusement ouverte qui permettra à David d'exécuter avec quiétude, sans soucis d'aucune sorte, le *Serment des Horaces*, œuvre qui va lui assurer le titre de chef d'école.

David envoie au Salon de 1783 une *Douleur d'Andromaque devant le corps d'Hector*, dramatique, mais d'un coloris obscur. Pour compenser l'impression pénible causée à certains par cette toile, David a peint deux beaux portraits : ceux de son oncle Desmaisons et du médecin Alphonse Leroy, aujourd'hui au musée de Montpellier.

Cliché Neurdein.

LES AMOURS DE PARIS ET D'HÉLÈNE.
(Musée du Louvre.)

Les *Regrets d'Andromaque* lui valent, le 23 août, avant l'ouverture du Salon, le titre d'académicien. Grâce à ce titre, David devient l'égal des artistes les plus renommés, de ceux dont il avait dû accepter, le cœur meurtri, les jugements alors qu'il postulait la bourse de séjour à Rome.

Il peut maintenant s'atteler à la grande œuvre rêvée. Le marquis de Marigny, en agréant comme sujet de commande royale *les Horaces*, donne un but à son effort.

La tragédie de Corneille avait toujours profondément remué David. Il avait d'abord choisi une des scènes les plus émouvantes de la tragédie : celle où le vieil Horace défend son fils qui vient, dans un accès d'orgueilleuse colère, de tuer sa sœur Virginie. On en connaît un dessin reproduit en fac-similé par Debret à l'occasion d'un de ces dîners où, après l'exil du maître, ses élèves reprenaient contact et se transmettaient l'un à l'autre les paroles de l'absent. La composition avait du caractère et une vie que l'on ne retrouve pas dans le tableau des *Horaces*. Les masques étaient triviaux mais pleins d'énergie, et le geste du vieil Horace haranguant la foule avait une expressive vérité.

Mais, bien vite ses amis, M. de Trudaine, le poète Lebrun, Ducis, l'avaient dissuadé de calquer une des scènes de la tragédie. Son dessin, ses pinceaux seraient toujours moins éloquents que l'héroïque et sonore langue de Corneille. C'est alors que David s'arrêta au sujet que l'on connaît.

Pour appliquer dans toute leur rigoureuse logique ses

idées. Rome lui semble préférable à Paris. Là-bas il retrouvera la société érudite à laquelle il doit sa conversion, l'admiration du vieux Pompeo Battoni, le plus célèbre des peintres romains d'alors, et aussi la coterie un peu gourmée des peintres philosophes allemands, dont il goûte les idées et méprise les œuvres. Son beau-père, Pécoul, fournit l'argent du voyage et du séjour.

Pour frapper plus vivement l'esprit de ses amis de Rome, apparaître ainsi qu'un tribun entouré de ses clients, il emmène, trophée glorieux, trois de ses élèves : Wicar, Debret et Drouais, disciple chéri, qui vient de remporter le grand prix de peinture. Aidé par celui-ci, les *Horaces* esquissés à Paris avancent vite. En onze mois le tableau est terminé. Le succès, à Rome même, est immense. Les princes, les cardinaux, les esthètes emplissent son atelier. Les chevaliers d'Hamilton et d'Azara, Angelica Kauffmann, Visconti, Quatremère de Quincy, l'enthousiaste sculpteur J.-B. Giraud applaudissent. Pompeo Battoni déclare : « Nous deux, seuls, sommes peintres, le reste est bon à jeter dans le Tibre. » Comble de fortune, les *Horaces* sont discutés par les érudits en tant que restitution archéologique. M. d'Agincourt soutenant que les arcs appuyés sur des colonnes, qui décorent le fond du tableau, n'ont été en usage qu'à l'époque du bas-empire, d'autres savants prennent la défense de David. Cependant, tels qu'ils apparaissent, les *Horaces* ne représentent pas les convictions de David dans toute leur intransigeance. Il a ménagé les idées du temps. Comme Drouais le pressait de présenter

MADAME CHALGRIN.
(Musée du Louvre.)

les personnages nus, David répondit : « Plus tard je tenterai cette innovation ; pour le moment, je ne suis pas assez sûr de moi pour une chose aussi difficile. »

Mais c'est à Paris qu'il faut vaincre. Ses amis, ses élèves, lui-même préparent l'arrivée du chef-d'œuvre. Drouais écrit : « Nulle expression ne peut égaler la beauté des *Horaces* » ; et David, soucieux d'assurer aux *Horaces* une place privilégiée, se recommande au puissant marquis de Bièvre, à l'occasion du prochain Salon : « Vous m'avez fait l'amitié de me dire que je vous avertisse de la place qui me serait le plus favorable, la voilà. Ce serait celle où était, il y a quatre ans, le tableau de *Clorinde*, de M. Durameau. »

La jalousie de certains académiciens déjoue les calculs de David. Vien, qui préside à l'ouverture de la caisse contenant le tableau, a beau le louer publiquement et des amis puissants, intervenir, les *Horaces* sont placés trop haut pour être complètement en valeur. Mais qu'importe ! la faveur est à David. Ses admirateurs passent sur la présentation défectueuse, voient au delà. Cependant, parmi les gens qui font profession de juger les œuvres d'art, certains formulent des objections. Après avoir loué le sujet, l'idée et la façon dont elle a été rendue, l'auteur très sensé de l'*Avis important d'une femme sur le Salon de 1785* critique la disposition des personnages vus de profil et présentant trois groupes sur trois plans peu distincts, la grosseur du bras de l'aîné des Horaces, la manière fausse et gauche dont il tient sa pique, « les épées d'étain et sans effet ».

En même temps que les *Horaces*, David avait envoyé la répétition du *Bélisaire* qui est aujourd'hui au Louvre, et le portrait de M. Pécoul, son beau-père. L'auteur de l'*Avis* critiquait dans le *Bélisaire*, exécuté au reste par Fabre et Girodet, et seulement retouché par David, « les fonds trop lumineux » et trouvait que sur les personnages « les lumières scintillent et brillent trop ». Le temps a mis ordre à cela, mais la constatation est intéressante, car elle prouve que David avait tenu compte des critiques provoquées, en 1781, par le premier *Bélisaire*. De même, il avait modifié l'attitude triviale du soldat, dont maintenant « la correction est heureuse ». Quant au portrait de M. Pécoul, il était déclaré de toute beauté, les mains et l'habit exceptés : « M. David traite toutes ses draperies d'une manière trop lisse, et qui tient lieu de toile cirée, sur laquelle les lumières glissent, ondoient et blanchissent. »

C'est de Rome (1786) que David avait également daté la *Mort d'Ugolin*, aujourd'hui au musée de Valence. Sans aller jusqu'à dire que David, par le choix du sujet, entre dans la catégorie des précurseurs du romantisme, il faut bien convenir que c'est là un ouvrage de transition. L'artiste y a osé peu de mouvement, moins encore de recherches de coloration : l'atmosphère est maussade, les chairs d'Ugolin sont couleur brique et celles de ses enfants verdâtres. Mais on doit tenir compte du groupement pittoresque et louer le bonheur de certaines attitudes. La tête de celui des fils d'Ugolin qui est courbé à terre, a déjà un peu de cette jolie expression qui contri-

LE CONVENTIONNEL GÉRARD ET SA FAMILLE.
(Musée du Mans)

buera à faire un chef-d'œuvre de l'ébauche du *Bara* conservée au musée d'Avignon. Bref, David, qui était presque seul alors à admirer l'Angelico et trouvait « admirables de naïveté » les bas-reliefs du chœur de Notre-Dame de Paris, prouva cette fois-là que l'artiste était en droit de chercher l'émotion et l'expression en dehors des sujets antiques.

David est dès lors un chef d'école reconnu. Des élèves l'entourent, les plus marquants parmi les contemporains sont ses amis. André Chénier indique le geste du *Socrate buvant la ciguë* qui figure au Salon de 1787. Dans la pensée de David, le philosophe devait être représenté au moment où il s'apprête à porter à ses lèvres la coupe de poison. C'est alors qu'André Chénier intervient : « Tout entier aux grandes pensées qu'il exprime, Socrate doit étendre la main vers la coupe, mais il ne la saisira que quand il aura fini de parler. »

Le succès est colossal. Reynolds, qui a visité le Salon de Paris, publie à Londres un article à la gloire du *Socrate* qu'il qualifie « le plus grand effort de l'art depuis la chapelle Sixtine et les chambres de Raphaël ». Et il ajoute : « Ce morceau eût fait honneur à Athènes du temps de Périclès. Dix jours d'observation ne firent que confirmer l'idée générale que je m'étais formée, qui est qu'il est parfait de tous points. »

Quelles que soient la fureur antique de David, la rigueur de ses théories, il ne peut s'empêcher d'admirer les œuvres des libres coloristes flamands. Il parle d'eux à ses élèves, loue en particulier Rubens. Aussi, pour se distraire de la pénible impression que lui cause la mort de Drouais, va-t-il passer une partie de l'année 1787 dans les Flandres, à Bruxelles et à Anvers.

L'enseignement qu'il en tire, on le constate dans les *Amours de Pâris et d'Hélène* où, visiblement, il cherche à éclaircir sa palette et à l'enrichir de tonalités plus brillantes que celles dont il se servait habituellement.

Pour la première fois aussi, il ose en cette composition qui s'arrange comme un camée, présenter un personnage nu. La foi nouvelle est affirmée dans la nudité de Pâris et contredite par un certain maniérisme et cet anachronisme qui place la scène dans la salle du Louvre décorée par les cariatides de Jean Goujon. Il y a plus : isolez le groupe formé par Pâris et Hélène, supprimez les accessoires et dites si, malgré lui, David ne reste pas ici parent de Boucher?

Cependant, à propos des *Amours de Pâris et d'Hélène*, J.-J. Sue, dans la séance publique du Lycée des Arts, du 5 mai 1793, dira : « David ne s'était pas encore exercé dans ce genre agréable : il le composa à la manière grecque et tout à fait antique et étonna ceux qui doutaient de ses succès en ce genre. Son amour-propre satisfait, il revint à son genre habituel, au style tragique et historique. »

Au Salon de 1789 où figurent les *Amours de Pâris et d'Hélène*, une autre œuvre de David requiert bien davantage l'attention de la foule. Il s'agit de *Brutus rentrant dans ses foyers après la mise à mort de ses fils.*

Le tableau a été commandé depuis deux ans par M. d'Angivilliers. David avait d'abord proposé un *Coriolan*. L'idée du *Brutus* n'est donc venue qu'après coup, incidemment. Mais David a cette fortune de présenter l'œuvre significative à l'heure où elle peut donner son maximum d'effet, et le maladroit M. d'Angivilliers, ce malheur, d'avoir accepté ce sujet révolutionnaire au moment même où sa valeur d'art se doublerait d'un intérêt politique. En vain essaye-t-il d'empêcher la présence au Salon de ce tableau subversif. Les journaux annoncent, en effet, « que le gouverneur du Salon de peinture ordonnait à M. Cuvilier, gouverneur de la Samaritaine, de prescrire à M. Vien, premier peintre du Roi, de défendre au sieur David d'exposer les *Deux fils de Brutus* ». Cette nouvelle ne fait qu'exaspérer la curiosité de la foule, de cette foule ardente, nourrie d'histoire ancienne et ivre de liberté, qui délire devant l'image du plus implacable des magistrats républicains.

Plus encore que dans ses œuvres précédentes, David a soigné le détail archéologique : personnages, local, meubles, accessoires ont été étudiés, raisonnés.

La tête de Brutus, la statue de Rome ont été fidèlement copiées sur des monuments antiques. Pour rendre le visage éploré d'une des filles de Brutus, sa chevelure en désordre, David a prié son élève Wicar, alors à Florence, de lui croquer une de ces figures de Bacchante qu'il a sous les yeux. Cette figure révolutionne la mode féminine : les dames désormais abandonnent les coiffures savantes et poudrées pour les chevelures flottantes à la romaine. Les meubles ont été exécutés d'après le dessin de David, par Jacob, le célèbre ébéniste. Mais, pour cette fois, ce ne sont pas les recherches archéologiques qui séduisent la foule. La portée politique de l'œuvre prime toute autre considération. Lemaire, dans ses *Lettres b.... patriotiques*, déclare : « David en a dit plus avec son tableau des Horaces et celui de Brutus, que les écrivains qui se sont fait brûler par le gros libertin Séguier. » Et, un peu plus tard, Sue écrira : « Ce tableau est peut-être un des plus profondément et des plus philosophiquement pensés. »

Le *Brutus* clôt une des phases de l'activité artistique de David. Comme les *Horaces*, il est trop connu pour qu'il soit ici besoin de le décrire. Au reste, ce n'est point par ces œuvres que David nous apparaît si grand. Aujourd'hui leur importance documentaire passe leur valeur artistique. La couleur en est médiocre, et si les groupes ont de l'énergie, la composition apprêtée ne peut émouvoir des gens qui ont sous les yeux les tumultueuses évocations de Gros, de Géricault et de Delacroix. David lui-même, causant plus tard des *Horaces*, avouait que cette œuvre, où il avait tant mis de lui-même, appartenait au passé. N'importe, les *Horaces*, comme le *Socrate* et le *Brutus*, furent le point de départ de toute une série de productions analogues. Aussi, pour aider à les mieux comprendre, avons-nous tenu à faire connaître, autant qu'il nous a été possible, les opinions des contemporains et les considérations qui servaient de base à leur jugement.

II

Un hasard et la complaisance royale avaient changé le *Coriolan* en *Brutus*. Et voilà que le tableau commandé par le comte d'Angivilliers, à une époque où l'on pouvait supposer encore lointaine la Révolution, est considéré comme un symbole, et classe son auteur parmi les pères de la Liberté. Une fois embrigadé, David, dominé par son tempérament vindicatif et violent, devra aller jusqu'au bout. De cette lutte, il ne sortira que meurtri, mal à l'aise, hanté par un frisson de mort qui persistera longtemps après le retour des beaux jours.

Un autre facteur va le pousser encore dans le parti de la Révolution : sa haine contre l'Académie royale de peinture et de sculpture. Il se souvient de ses souffrances, alors qu'il cherchait à conquérir le prix de Rome. Ajouter à cela que l'on s'est habitué à saluer en lui un novateur, que des esprits complaisants ont prononcé à son adresse les plus flatteurs qualificatifs. Par suite, il a eu à subir les petites misères qui résultent d'un excès de gloire. Il a mal pris la chose et s'est aliéné certains confrères.

A propos de la composition du *Brutus*, Pierre, premier peintre du roi et, comme tel, chargé d'examiner le tableau, a dit, à David, avec quelque humeur : « Allons, monsieur, continuez ! Dans vos *Horaces*, vous avez mis vos trois figures sur la même ligne, ce qui ne s'est jamais vu depuis qu'on fait de la peinture. Aujourd'hui vous placez le principal personnage dans l'ombre : c'est de plus en plus fort. Vous avez sans doute raison, puisque le public trouve cela admirable. Mais, où avez-vous vu qu'on peut faire une composition sans employer la ligne pyramidale? »

A la vérité, c'est contre ces formules que s'insurgeait David. Il ne cessait de les dénoncer à ses élèves, les encourageait même à fuir les succès académiques, de crainte que, pour réussir, ils ne fissent certaines concessions aux juges : « L'Académie est comme la boutique d'un perruquier, on ne peut en sortir sans avoir du blanc à son habit. » David entendait, par là, blâmer les compositions toutes faites, les attitudes maniérées dont abusaient les élèves dégénérés de Le Moyne et de Boucher.

Parfois, il allait trop loin, criant : « Le métier, je le méprise comme de la boue. » Et c'est pour cela qu'il faisait exécuter par ses élèves, en les retouchant à peine, les répétitions de ses tableaux. Fabre et Girodet avaient peint le petit *Bélisaire*, aujourd'hui au Louvre, et Girodet, seul, la répétition du *Serment des Horaces* que désirait posséder l'imprimeur Didot. David poussa même le « remplacement » plus loin : lorsque le même Didot le chargea d'exécuter une série de dessins pour illustrer le *Virgile* du Louvre, le maître partagea la commande entre Gérard et Girodet, ainsi qu'en témoigne une correspondance échangée entre ceux-ci et David. Son rôle se borna à celui de conseilleur. Cependant, malgré ses recommandations, ses élèves prenaient part, avec succès, aux divers concours. Outre

Photographie Braun, Clément et Cie.

MARQUISE D'ORVILLIERS
(appartient à M. le comte de Turenne).

Drouais, prix de Rome en 1784, Fabre et Girodet obtenaient également la récompense désirée, le premier en 1787, le second en 1789. Cette même année, un second prix était accordé à Gérard, et Gros, Isabey, Debret, Harriet remportaient des médailles dans les divers concours.

Ces succès ne diminuèrent pas la haine que David vouait à l'Académie. Aussi, profitant de la fièvre qui agitait les esprits depuis l'ouverture des États généraux et poussait les tempéraments à la révolte, entra-t-il en lutte ouverte avec la puissante compagnie. Il eut, avec lui, quelques académiciens qui avaient à se plaindre de la coterie d'« officiers » qui dirigeaient l'Académie. Mais sa force lui venait des associés peu favorisés par les règlements et de la foule des artistes non agréés à qui l'accès des Salons était interdit. La bataille, engagée peu après le 14 juillet 1789, ne prendra fin qu'en août 1793, le jour où David tout-puissant fera chasser l'Académie des locaux qu'elle occupait depuis deux siècles. Les artistes non agréés n'obtinrent satisfaction qu'au Salon de 1791, celui de 1789, où David figurait avec le *Brutus* et les *Amours de Pâris et d'Hélène*, ayant, comme par le passé, été réservé à la seule Académie et à ses protégés.

David comprit vite que le triomphe était au prix d'une lutte de tous les instants. Aussi le voit-on, lui et ses amis, s'associer à toutes les manifestations populaires. Le 20 juin 1790, l'Assemblée constituante ayant décidé la destruction du monument élevé à Louis XIV, place des Victoires, les artistes dissidents adressent à l'assemblée une lettre où, à certaines phrases que l'on retrouvera plus tard dans les décrets de la Convention, se reconnaît la participation de David. « Ce n'est pas assez pour vous, était-il dit, d'avoir rapproché l'homme de l'homme et proscrit toutes les distinctions qui ne tiennent ni aux talents ni aux vertus personnelles: vous avez voulu faire cesser l'injure faite aux nations. Quelques artistes de la capitale... prennent aujourd'hui la liberté de vous proposer, messieurs, un moyen de conserver les quatre figures dépendantes du monument de la place des Victoires et de rendre éternelle et publique la réparation que vous faites aux peuples que représentent ces statues. Ce serait de faire construire, dans un endroit remarquable de la ville, un socle carré, autour duquel on placera les figures, mais sans chaînes, ni aucun des accessoires flétrissants qui les accompagnent. Le socle portera deux tables d'airain. Sur l'une serait gravé votre décret mémorable, et sur l'autre, l'historique et les motifs de son exécution. » L'adresse portait la signature de David et celle des sculpteurs Beauvallet, Julien, Monot, Pasquier, qui offraient leur talent « pour diriger gratuitement l'ouvrage ».

Hors de l'Académie la puissance de David est extrême. A l'occasion de la refonte des monnaies, il fait agréer son candidat, un graveur non académicien, Augustin Dupré. Quelques mois plus tard David est l'ordonnateur de la fête organisée en l'honneur des soldats de Châteauvieux. Il signe l'invitation adressée à la muni-

Cliché Neurdein.

LE SERMENT DU JEU DE PAUME

Peinture de M. Luc-Olivier Merson, d'après la composition de David.

(Salle du Jeu de Paume, à Versailles.)

cipalité, règle les détails de la cérémonie et fixe le modèle et le décor du char que doivent entourer les soldats de Châteauvieux vêtus de leurs costumes de galériens.

Durant la période 1789-1792, les pinceaux et le crayon de David ne restent pas inactifs : il exécute quelques-uns de ses plus beaux portraits, entre autres, ceux du marquis et de la marquise de Sorcy-Thelusson et de la sœur de celle-ci, Mme d'Orvilliers. Enfin, il est sollicité par les municipalités, les sociétés populaires et l'Assemblée constituante pour conserver les traits des patriotes et retracer les événements marquants de la Révolution. A la fin de 1789, c'est la municipalité de Nantes qui l'invite à venir exécuter le portrait du maire M. de Kervegan. Et David se rend, en effet, en mars 1790, dans la cité bretonne où il ébauche les portaits de M. de Kervegan et celui du futur conventionnel Charles Mellinet. Si celui-ci est resté à Nantes, le portrait de M. de Kervegan, lui, a eu la malechance d'être rapporté par David à Paris, d'y être oublié et de figurer à la vente de l'atelier de l'artiste, en 1826, sous le nom du conventionnel Kervelegan.

Mais ces travaux sont peu de chose, à côté de la commande qui va lui être faite par les Jacobins, d'abord, et qui lui sera confirmée par l'Assemblée constituante. A la séance des Jacobins du 28 octobre 1790, Dubois-Crancé demande que la salle du Jeu de Paume soit mise sous la sauvegarde de la nation et que le souvenir de la séance fameuse soit perpétué par la gravure. Il ajoute :

« Que le plus énergique pinceau, que le burin le plus savant, transmette à nos arrière-neveux ce qu'après dix siècles d'oppression, la France a fait pour eux... Nous avons choisi, pour animer notre pensée sur la toile, l'auteur de *Brutus* et des *Horaces*, ce Français patriote dont le génie a devancé la Révolution. » Peu après, c'est l'Assemblée constituante elle-même qui prend à sa charge la commande.

Le tableau ne fut jamais achevé, mais le dessin a été complètement exécuté : il figura au Salon de 1791.

Une victoire pour David, que ce Salon de 1791. Le libre accès en a été, en effet, accordé à tous les artistes, qu'ils appartiennent ou non à l'Académie, et David y figure avec quelques chefs-d'œuvre. On revoyait les *Horaces*, le *Brutus*, le *Socrate*. A ces œuvres célèbres s'ajoutaient le portrait de Mme de Sorcy-Thelusson et celui d'une femme peinte jusqu'aux genoux — Mme d'Orvilliers, je crois bien : — enfin, le grand dessin à la sépia du *Serment du Jeu de Paume*, à propos duquel le catalogue ajoutait : « L'auteur n'a pas eu l'intention de donner la ressemblance aux membres de l'Assemblée. »

Si la foule et les politiciens réservèrent leur admiration pour les tableaux politiques et le dessin du *Serment du Jeu de Paume*, les connaisseurs ne manquèrent pas de louer comme ils le méritaient le portrait de Mme de Sorcy-Thelusson et celui de sa sœur, Mme d'Orvilliers. Un critique écrit : « Il a résolu de tout éclipser dans tous les genres qu'il traitera », et Sue, à l'époque la plus fiévreuse

Cliché Giraudon.

PARTIE CENTRALE DU SERMENT DU JEU DE PAUME
(fragment du dessin original de David).
(Musée du Louvre.)

4

de la Révolution, en 1793, ne craindra pas de revenir sur les effigies des belles aristocrates : « Il a eu toujours soin, à la vérité, de ne choisir que de belles têtes de femmes, ne voulant pas prostituer son pinceau dans un genre qu'il ne faisait que pour s'amuser. »

Les modes d'alors étaient simples. Les écharpes qui drapent ces deux dames font valoir la noblesse de leur port et la calme beauté de leur visage. Ceux qui ont pu admirer ces deux portraits à l'exposition des Alsaciens-Lorrains, s'en souviennent comme de parfaits chefs-d'œuvre.

L'époque troublée pendant laquelle ils ont été exécutés marque une transformation dans le talent de David. Pris par l'action, il oublie les théories. Le talent de l'artiste est alors dans son complet épanouissement. Cela durera jusqu'aux tableaux du *Sacre* et de la *Distribution des aigles*, puis l'astre glorieux déclinera.

En 1791, David n'est qu'à la moitié de sa carrière. Nombre des chefs-d'œuvre qui font tant pour sa gloire n'ont pas encore vu le jour. Et cependant, combien il apparaît déjà essentiel, nécessaire. La peinture d'histoire est revenue, grâce à lui, à la simplicité. Certes il y a excès de raideur. Les personnages sont figés et le décor est souvent morne. Mais il ne faut pas oublier que l'on se trouve en présence d'un artiste novateur ; que la formule nouvelle, qui permet cependant des œuvres comme le *Serment du Jeu de Paume*, le *Sacre* et les *Aigles*, ne trouvera son application géniale qu'avec Ingres. Celui-ci l'élargira, la libérera de la servilité à l'antique au profit de la nature et de la vérité.

C'est ce qu'a fort bien fait ressortir M. Roger Marx lorsque, parlant de l'art de David, il a écrit : « La peinture se fait austère, dogmatique : l'humanité n'y paraît plus embellie, selon la fiction d'un poète, mais scrutée par le regard lucide d'un analyste moins imaginatif que jaloux d'exactitude. La volonté le possède de provoquer un retour vers l'intellectualité, de hausser son talent à l'expression du plus noble idéal. — Il faut que l'artiste soit philosophe, dira-t-il. Ce n'est pas seulement en amusant les yeux que les monuments des arts ont rempli leur but, c'est en pénétrant l'âme, en faisant sur l'esprit un effet profond. — Puisqu'il revendique le titre de réformateur, comment le blâmer s'il répudie les pratiques courantes, s'il substitue le drame à l'anecdote, la force à l'afféterie, le sang-froid à l'emportement, les calculs de la réflexion aux spontanéités de la verve? Cet idéal rénové commande plus d'une variation dans la technique : le dessin l'emporte sur la couleur; une touche lisse et mince, un modelé par méplats, succèdent aux libres jeux du pinceau triturant la pâte savoureuse... Aujourd'hui, sa conception de l'antique ne laisse pas de paraître naïve, surannée; lui-même n'est pas toujours dupe de ses errements : sur le tard, il veut se créer une manière « grecque », et après la révélation des marbres de Lord Elgin (1816), il s'écriera : « Ah ! si je pouvais recommencer mes études, j'irais droit au but, maintenant que l'antiquité est mieux connue. »

LEPELLETIER DE SAINT-FARGEAU
gravure de Tardieu, d'après la composition de David.
(Cabinet des Estampes)

D'autre part, combien est importante la contribution de David à l'art du portrait! Il doit retrouver, il retrouve le portrait intime, documentaire, dont la tradition est perdue depuis Clouet et Holbein. Les siècles d'apparat sont passés et la génération qui prend le pouvoir exige de la vérité. David va la satisfaire pleinement. Certes, il n'est pas question de surpasser Quentin de Latour dans l'observation du modèle. Personne n'égalera de longtemps sa puissance physiognomoniste. Mais David va apporter ou, si l'on veut, remettre en honneur un puissant élément d'information : le plus souvent possible, les personnages seront peints dans le milieu qui leur est habituel, avec les vêtements qui les expliquent le mieux. Les contemporains, on l'a vu, lui reprochent ce soin extrême. C'est sa gloire de ne pas céder. Car, cette minutie, de quel attrait elle est pour nous! Au moment de sa plus grande puissance, alors qu'il est le plus pris par la théorie, en 1803, David est appelé à portraiturer Mlle Charlotte du Val d'Ognes. Dans la pièce où se trouve son modèle une vitre est fêlée. David signale dans sa peinture cette fêlure. — De plus réalistes eussent reculé et placé une draperie, une colonne! — A la vérité, si David s'en était tenu à cette sorte de documentation, son mérite serait médiocre. Mais ceci n'est rien, à côté de la façon dont il observe ses modèles, leurs habitudes. Il révèle tout ce qu'il a compris de leur physionomie, et parfois, comme dans le portrait du pape Pie VII, il comprend beaucoup. Chose curieuse, ce sont ses dons de portraitiste — qu'il dédaigne — qui l'aideront puissamment à surmonter les obstacles que présente l'exécution d'œuvres aussi colossales que le *Sacre* et les *Aigles*. M. André Michel a admirablement fait sentir combien, dans ces deux immenses compositions, il est resté portraitiste et quel secours lui ont été ses facultés d'observateur réaliste : « Il ne s'agit plus ici d'atténuer ou de supprimer, conformément à l'esthétique nouvelle, le caractère individuel, de négliger volontairement *ce qui est* pour rechercher *ce qui pourrait être*, et de sacrifier à l'image idéale de l'homme qui doit posséder tous les genres de régularité » cette « vérité apparente » que le « style idéal » devait désormais dédaigner. La nature est là, et la vérité, persuasives et efficaces : il en subit la présence réelle : il s'abandonne à leurs conseils bienfaisants : il sort de l'abstraction pour rentrer dans la vie, et du même coup, il revient à la peinture. C'est ce David qui peignit le *Sacre*, procès-verbal épique dont il n'avait d'abord accepté la commande qu'avec une extrême répugnance. Il confessait lui-même qu'il avait été surpris « d'y trouver plus de ressources pour l'art qu'il ne s'y était attendu », et il racontait à Boutard comment, « pour tenir en harmonie une composition remplie d'un si grand nombre de portraits, il avait été obligé d'adoucir un peu le style sévère qui avait assuré le succès de ses autres ouvrages », et qui fait, ajoutait le critique respectueux, « la gloire de l'école moderne à laquelle il en a donné, le premier, l'exemple et le modèle ».

Cliché Alexandre.

MARAT ASSASSINÉ.
(Musée de Bruxelles.)

Et puis comme David sait être, selon les cas, gracieux, bonhomme ou tragique ! Quelles plus délicates compositions que les portraits de Mmes Vigée-Lebrun et de Verninac, quelle honnête quiétude dans la famille du conventionnel Gérard (1) ! Par contre, quoi de plus saisissant que le portrait du flûtiste Devienne, de plus tragique que le *Marat* !

Enfin on ne saurait oublier qu'au moment où David s'affirma, on ne regardait presque plus le modèle. L'employait-on, ses extrémités soutenues par des talonnières, des cordes, donnaient des mouvements mous et faux. David coupe ces cordes, envoie au diable les talonnières, demande au modèle des mouvements possibles. Bien souvent même il préférera, au modèle professionnel, le passant. Des gens du monde, ses élèves, ses enfants ou ceux de ses amis posent dans les *Sabines*, le *Sacre* ; des soldats, dans les *Aigles*.

III

Les patriotes sont reconnaissants à David d'être ami de la Révolution. Aussi, porté troisième sur la liste de la section du Louvre, est-il, le 17 septembre 1792, nommé député à la Convention par quatre cent cinquante voix sur cinq cent quatre-vingt-trois votants. Mission périlleuse !

(1) La reproduction de cette peinture a été facilitée par M. Gonse, qui nous a obligeamment prêté le cliché paru dans ses *Chefs-d'œuvre des musées de France*.

Beaucoup parmi les nouveaux élus qui viennent siéger à la salle du Manège, le 21 septembre 1792, auraient certes reculé s'ils avaient pu prévoir l'existence infernale qu'ils allaient mener. Certains, aussi, étaient encore peu fixés sur leur ligne de conduite : oscillant entre l'idéal girondin et la réalité montagnarde. David fut d'abord parmi les hésitants. Mais sa haine contre l'Académie royale, que ménageaient les ministres girondins, le poussa à se rallier à la Montagne. Et, une fois embrigadé dans ce groupe ardent, son tempérament le contraignit à se rapprocher des plus implacables terroristes, c'est-à-dire des robespierristes. Préoccupé d'abord, presque exclusivement, de questions artistiques et comme tel inscrit au Comité d'Instruction publique et à la Commission des Arts, il est le protecteur des artistes et l'organisateur de toutes les fêtes et cérémonies où doit s'affirmer le régime nouveau. Son rôle esthétique est trop considérable pour qu'on n'insiste pas un peu sur David conventionnel et surintendant des Beaux-Arts de la Révolution.

Le 26 octobre 1792, à l'annonce de la levée des sièges de Lille et de Thionville par les Autrichiens, David monte à la tribune. Ce sont ses débuts :

« Je propose d'élever dans cette ville (Lille), ainsi que dans celle de Thionville, un grand monument : soit une pyramide ou un obélisque en granit français provenant des carrières de Bethel, de Cherbourg, ou de celles de la ci-devant province de Bretagne.

« Je demande qu'à l'exemple des Égyptiens et autres

Anciens ces deux monuments soient élevés en granit, comme la pierre la plus durable...

« Je demande aussi que les débris des marbres provenant des piédestaux des statues détruites dans Paris, ainsi que du bronze provenant aussi de chacune de ces cinq statues soient employés aux ornements de ces deux monuments afin que la postérité la plus reculée apprenne que les deux premiers monuments élevés par la nouvelle République ont été construits avec les débris du luxe de cinq derniers despotes français...

« Je propose aussi qu'à la manière des Anciens, la Convention nationale ajoute au nom de ces deux villes une épithète qui caractérisera la gloire que leurs défenseurs se sont acquise...

« Je vous propose de faire frapper une médaille en bronze, avec un exergue différent pour Lille et pour Thionville, afin de distribuer ces médailles à chaque individu habitant ces deux villes. Cette médaille sera aussi fabriquée avec du bronze provenant des cinq statues détruites...

« Je désire que ma proposition de frapper les médailles ait lieu pour tous les événements glorieux ou heureux déjà arrivés et qui arriveront à la République, et cela à l'imitation des Grecs et des Romains qui, par leurs suites métalliques, nous ont, non seulement donné la connaissance des événements remarquables, celle des grands hommes, mais aussi celle des progrès de leurs arts.

« Permettez-moi aussi de vous observer que c'est à un

incendie que la ville de Londres doit la largeur, la beauté et la régularité d'une grande partie de ses rues, comme aussi la commodité de ses trottoirs : ne serait-il pas aussi convenable qu'avantageux de faire faire un plan général à Lille, de même qu'à Thionville, avant de s'occuper de la reconstruction des bâtiments détruits ou de la restauration de ceux endommagés ?

« C'est dans ce plan général qu'on ferait entrer celui du local le plus convenable d'une place publique pour élever dans ces deux villes les monuments en granit que j'ai proposés. »

Voilà certes un beau programme. Les événements, les fêtes seront, pour David, prétexte à le réaliser.

Peu après, le peintre se préoccupe du sort des jeunes artistes français persécutés par la populace romaine. La nouvelle lui parvient par Topino-Lebrun, son élève, qui lui annonce de Florence, à la date du 31 octobre 1792, l'arrestation de Rater et de Chinard et leur transport au château de Saint-Ange où, « croupissants dans la malpropreté, l'Inquisition instruit leur procès ».

Lue par David à la Convention, dans la séance du 21 novembre 1792, cette lettre permit au peintre d'attaquer à nouveau sa vieille ennemie, l'Académie. Il put en même temps satisfaire sa rancune contre « l'ignare Suvée », directeur de l'Académie de France à Rome, dont la place fut supprimée le 25 novembre suivant. David profita de ce décret pour demander que l'on fît disparaître de l'Académie, outre les insignes royaux, les « monuments de féodalité et d'idolâtrie qui existent encore dans l'hôtel de l'Académie de France à Rome ». Hélas! l'autodafé proposé par David devait être l'occasion de troubles bien plus grands qui allaient entraîner l'assassinat de l'agent de France, Basseville, et le pillage de l'Académie. Girodet, qui se trouvait alors à Rome, a laissé, on le sait, un récit émouvant de ces incidents.

David, par sa présence dans différents comités de la Convention, s'affirmait une puissance. Aussi l'Académie fit-elle l'impossible pour apaiser sa haine. Déjà, le 7 juillet 1792, elle l'avait nommé adjoint à professeur; le 27 avril suivant, le secrétaire, Renou, invita le peintre à venir professer:

« Citoyen et confrère,

« J'ai l'honneur de vous prévenir que l'Académie vous a nommé à votre rang pour professer à l'École du modèle le mois prochain. Elle m'a aussi chargé de vous écrire cette lettre qui vous sera rendue par le concierge, et de vous prier de mettre par écrit sur la même lettre, si vos affaires, comme député à la Convention, vous permettent de professer. »

Laconique et terrifiante fut la réponse:

« Je fus autrefois de l'Académie.

David,

Député à la Convention nationale. »

Et, de fait, sa détermination était prise depuis longtemps, puisque, renonçant à son privilège d'académicien, il s'était fait délivrer, dès janvier 1792, une patente « pour avoir droit de faire le négoce et d'exercer la profession de peintre pendant ladite année ».

Quoi qu'il en soit, l'Académie se maintenait, conservait ses locaux, c'est-à-dire la galerie d'Apollon et la salle ronde qui la précède. En vain, la commission du Muséum en formation réclamait-elle cet emplacement : les ministres reculaient devant les mesures radicales que proposait David. Mais le peintre ayant réussi à faire admettre, le 5 juillet 1793, la formation d'une Commune des Arts, celle-ci s'empressa d'exiger les locaux réservés aux académiciens afin de préparer le Salon de 1793, qu'elle avait mission d'organiser.

La Commune eut gain de cause. L'Académie vaincue se sépara après avoir tenu une dernière séance le 3 août 1793. Le 8 août suivant, jour où, sur le rapport de Grégoire, toutes les Académies furent supprimées, David prononça un discours à la fois sentimental et haineux qui se terminait par ces mots : « Au nom de l'humanité, au nom de la justice pour l'amour de l'art, et surtout par votre amour de la jeunesse, détruisons, anéantissons les trop funestes Académies, qui ne peuvent plus subsister sous un régime libre. »

Sa vieille ennemie vaincue, David se préoccupe d'édifier. Il *fait* destituer la commission du Muséum, taxée d'ignorance et d'aristocratie ; il dénonce les restaurateurs qui ont endommagé les œuvres de Raphaël, du Corrège, du

BARA.

Musée d'Avignon.

Poussin, de Claude, de Joseph Vernet à propos duquel il dit fort joliment : « Les barbares, ils l'ont déjà cru assez ancien pour le gâter ! » Il met à la tête de la nouvelle commission son ami Fragonard, qui « consacrera ses vieux ans à la garde des chefs-d'œuvre dont il a concouru dans sa jeunesse à augmenter le nombre »; il y fait entrer aussi Varon auquel on doit de si instructifs rapports, et le vindicatif Wicar, dont les dénonciations incessantes poussèrent parfois David aux pires violences.

Enfin, il est le grand ordonnateur des fêtes et cérémonies qui se succèdent à l'occasion des anniversaires, des victoires ou des deuils de la Révolution. Aidé de M.-J. Chénier, non seulement il trace le programme de la cérémonie, mais il provoque l'érection de durables monuments de pierre qui doivent symboliser le triomphe de l'esprit nouveau. Fête de la Régénération, organisée le 10 août 1793, à l'occasion de l'acceptation de la Constitution ; fête au sujet de la reprise de Toulon ; fête de l'Être suprême ; fête en l'honneur de Bara et de Viala ; pompe funèbre à la gloire de Marat ; construction d'une statue symbolique de la Régénération ; érection, à la pointe occidentale de la Cité, d'une statue colossale du Peuple Hercule, etc...

Ce qui frappe dans ces programmes, c'est le côté coloré que leur donne David. Il sait ce qu'on peut obtenir de la foule et s'arrange pour que cette foule soit à la fois actrice et spectatrice. Il a aussi le souci de l'heure. C'est le soir, à cinq heures, qu'il fixe l'inhumation de Marat : au contraire, pour la fête du 10 août, il convoque les citoyens au soleil levant : « Les Français, réunis pour célébrer la fête de l'unité et de l'indivisibilité, se lèveront avant l'aurore : la scène touchante de leur réunion sera éclairée par les premiers rayons du soleil. »

Pour remercier David, la Convention, qui l'a déjà élu membre du terrible comité de Sûreté générale, le nomme président pour la période du 16 nivôse au 2 pluviôse an III.

Néanmoins ces multiples fonctions ne l'ont pas absorbé à tel point qu'il ait complètement délaissé ses crayons et ses pinceaux. Au milieu des séances les plus agitées de la Convention, il croque le profil d'un collègue, d'un ami, caricature un ennemi : en des circonstances graves il reprend même ses pinceaux et abat fiévreusement ces chefs-d'œuvre : *Lepelletier* et *Marat*, *Bara mourant*.

Lepelletier-Saint-Fargeau avait été assassiné dans la nuit du 21 janvier 1793. Le 29 mars, l'œuvre de David était terminée : le peintre l'offrait en ces termes à la Convention :

« Citoyens représentants, chacun de nous est comptable à la patrie des talents qu'il a reçus de la nature ; si la forme est différente, le but doit être le même pour tous. Le vrai patriote doit saisir avec empressement tous les moyens d'éclairer ses concitoyens, et de présenter sans cesse à leurs yeux les traits sublimes d'héroïsme et de vertu.

« C'est ce que j'ai tenté de faire dans l'hommage que j'offre en ce moment à la Convention nationale, d'un tableau représentant Michel Lepelletier assassiné lâchement pour avoir voté la mort du tyran. »

Michel Lepelletier était représenté couché sur son lit. Une couronne de laurier ceignait sa tête; sa poitrine nue laissait voir une large blessure. Au-dessus de la plaie était suspendue une épée de garde du roi; dans la lame était passée une feuille de papier portant ces mots : JE VOTE LA MORT DU TYRAN.

Le tragique portrait de David n'est plus connu, aujourd'hui, que par la gravure qui en avait été faite par Tardieu, sur ordre de la Convention. Rendue à son auteur en 1795, en même temps que le *Marat*, la peinture resta dans l'atelier de David jusqu'à la vente de 1826. Elle fut, alors, acquise amiablement pour cent mille francs par la fille de Félix Lepelletier, Mme de Mortefontaine qui était déjà, depuis 1810, en possession du dessin exécuté par Wicar au moment où la gravure de l'œuvre, par Tardieu, avait été décidée. Mais la petite Suzanne Lepelletier, « fille adoptive de la nation française » et élevée, comme telle, républicainement par la Convention, avait changé d'opinion. Devenue ardente royaliste, elle entendait faire oublier autant que possible l'acte de son père. Le glaive symbolique et l'inscription furent supprimés, et la noble dame exila le tableau dans son château de Saint-Fargeau (Yonne). Elle ordonnait, en même temps, la destruction de la planche gravée et des épreuves qui en avaient été tirées. Une seule a échappé : elle est aujourd'hui au Cabinet des estampes.

Six mois ne s'étaient pas écoulés depuis les obsèques de Lepelletier, qu'un nouvel assassinat, celui de Marat, endeuillait les patriotes. L'émotion fut considérable. A peine la nouvelle connue, les orateurs des sections se présentèrent à la barre de la Convention. Guiraud, au nom de la section du Contrat social, s'écrie : « Où es-tu, David ? Tu as transmis à la postérité l'image de Lepelletier, mourant pour la patrie : il te reste un tableau à faire... — Aussi le ferai-je », répond David. Et David, empoigné par le sujet, peint une de ses œuvres les plus magistrales. Il figura Marat, non positivement comme il fut, la mort venue, mais tel qu'il lui était apparu, la veille, lorsque la société des Jacobins l'avait délégué, avec Maure, pour prendre de ses nouvelles.

« Je le trouvai dans une attitude qui me frappa. Il avait auprès de lui un billot de bois sur lequel étaient placés de l'encre et du papier, et sa main, sortie de la baignoire, écrivait ses dernières pensées pour le salut du peuple... J'ai pensé qu'il serait intéressant de l'offrir dans l'attitude où je l'ai trouvé. »

Ces quelques mots de David évoquent bien l'œuvre poignante que le musée de Bruxelles possède aujourd'hui. Devant cette scène de composition sobre, et cependant si dramatique, on est pris d'une émotion indicible. La pâte légère, transparente, rehausse simplement le dessin impeccable. Rarement, artiste a été si éloquent avec si peu de moyens. Mais ces frottis légers crient leur auteur. C'est bien là la touche qui se retrouve dans le *Bara* et le portrait de Mme Récamier. David considérait le *Lepelletier* et le *Marat* comme deux de ses meilleures œuvres. Il eût pu facilement, de son vivant, vendre le *Marat* à quelque Anglais excentrique, et le *Lepelletier*, à la famille du mort. Il s'y refusa malgré maintes ouvertures. Le retour des Bourbons ne le fit point changer d'avis : les deux œuvres, simplement recouvertes d'une couche de céruse, furent confiées à Gros lorsque David partit en exil. Cette estime de David explique le prix élevé payé par Mme de Mortefontaine et la décision de la famille David de conserver, faute d'acquéreur assez généreux, le *Marat* qui est aujourd'hui au musée de Bruxelles, par suite du don de Jules David, petit-fils du peintre (1).

Autre deuil! Ce n'est plus un fondateur de la Liberté que pleure la France, mais un enfant : Bara. David est sollicité de reprendre ses pinceaux pour glorifier le courage du petit tambour mort à treize ans pour la République. Le peintre n'a pas un instant l'intention d'objectiver la scène. Il entend idéaliser le jeune héros en le parant de toutes les beautés. Il le représente nu, couché à terre et serrant sur son cœur la cocarde aux couleurs nationales. Les yeux mi-clos, il semble reposer dans un sommeil naturel. Les formes de l'éphèbe sont fines et élancées, ses cheveux blonds et bouclés caressent son cou juvénile, glissent sur sa poitrine. Jamais le dessin de David n'a été si pur, ni si élégant. L'œuvre n'a point été achevée : un frottis de terre de Cassel soutient les ombres, les lu-

(1) Le *Marat* récemment entré au musée de Versailles n'est qu'une copie exécutée par Langlois sous les yeux de David. Une autre, plus médiocre, — celle de Langlois n'est pas parfaite, — est due à Sérangeli.

mières sont modelées dans une gamme claire au-dessous du ton véritable. Plus poussée, peut-être l'œuvre aurait-elle perdu de l'exquise fraîcheur qu'elle a conservée si heureusement jusqu'ici. Elle termine dignement la trilogie des peintures révolutionnaires de David.

Si David laisse ébauché le *Bara*, c'est que la Convention le presse en même temps d'élaborer le programme d'une fête en l'honneur de Bara et de Viala, « fleurs nouvelles coupées par le tranchant de la charrue ». David dépose son rapport le 23 messidor an II et fixe la fête au 10 thermidor.

Mais David propose et la fatalité dispose : le 10 thermidor le bourreau tranchait la tête de Robespierre, et David, son ardent auxiliaire. David l'organisateur des fêtes révolutionnaires, l'imagier des martyrs de la Liberté, ne devait qu'à son talent d'échapper au supplice. Le pardon fut long à venir. Ses ennemis n'abandonnèrent pas immédiatement leur proie. Le 13 thermidor, André Dumont dénonçait violemment David à la tribune de la Convention. Celui-ci n'était point orateur, il souffrait d'une difficulté de prononciation. Sa défense fut pénible. « Il était pâle, et la sueur qui tombait de son front roulait de ses vêtements jusqu'à terre, où elle imprimait de larges taches », raconte un témoin, E.-J. Delécluze. Ce jour-là le peintre est laissé en liberté. Mais le 15, David est mis en état d'arrestation. D'abord incarcéré à l'Hôtel des Fermes, il jouit d'un peu de liberté. Delafontaine, son élève, peut lui apporter des couleurs, du papier, un

Cliché Neurdein.

MADAME SÉRIZIAT.

Musée du Louvre.

crayon : il esquisse un *Homère récitant ses vers aux Grecs attendris*, peint, d'après lui-même, le portrait qui est reproduit dans cet ouvrage. Ce calme ne dure pas. Le 29 fructidor, à la suite d'une séance orageuse de la Convention, il est transféré au Luxembourg et mis au secret. Peu après on se relâcha un peu de cette sévérité. Il fut permis à David de travailler. Il acheva le dessin de l'*Homère*, commença une composition représentant *Deux jeunes filles faisant l'aumône au poète endormi* ; enfin il peignit de sa prison cette vue du jardin du Luxembourg qui figurait, en 1900, au Pavillon de la ville de Paris : échappée de nature pleine de vérité qui montre quel peintre était David lorsqu'il osait se libérer des théories.

Le prisonnier est, enfin, mis en liberté le 8 nivôse an III. Sa détention a duré cinq mois. Mais il n'en a pas fini encore avec les haines et les rancunes. Si celles des hommes politiques sont apaisées, il n'en est pas de même de celles des confrères qu'il a pu froisser aux temps de sa puissance. Le 13 floréal, la section du Muséum, où les artistes sont en nombre, vient lire à la Convention un acte d'accusation contre David. Cet acte ne contient pas moins de dix-sept imputations. La Convention passe outre. Mais surviennent les événements de prairial. On se souvient de David, de l'accusation du 13 floréal, et il est de nouveau arrêté. Appréhendé à Saint-Ouen près Tournan, où il vient de terminer les deux beaux portraits de M. et Mme Seriziat, ses beau-frère et belle-sœur, il est conduit à la maison d'arrêt des Quatre-Nations, où il resta jusqu'à l'amnistie du 4 brumaire an IV, provoquée par la séparation de la Convention. C'est la fin du supplice. Dès lors, il va pouvoir travailler sans inquiétude, mener à bien les œuvres dont il a fixé le programme dans la solitude de la prison.

Mais, si les longues journées de détention ont fait réfléchir David sur les dangers de la politique et l'ont assagi, elles lui ont laissé toute latitude pour rêvasser. Il est plus que jamais pris par le mirage trompeur des théories. Lui, si naturellement soucieux de vérité, si humble devant la vie, rêve on ne sait quelle alliance de réalité et de traditionnisme. L'insurgé qui se révoltait contre les poncifs de l'Académie royale, va en imposer d'autres. Le modèle devra mimer la statue. « Qu'importe la vérité, si les attitudes sont nobles! Les anciens ont connu la pure beauté, leurs statues nous l'ont transmise, le dernier mot de l'art moderne doit consister à utiliser les éléments de cette beauté. » Ainsi pense David, et il rêve une œuvre, une suite d'œuvres, où les figures se présenteront pures et précises ainsi que dans un antique bas-relief. Pour la première, la rencontre d'une pierre gravée lui fait choisir le moment où les Sabines, auréolées de leur double charme d'épouses et de sœurs, se jettent dans la mêlée afin d'arrêter le combat fratricide des Romains et des Sabins. Et les personnages seront tels que le souhaitait Drouais lorsqu'il aidait David à la préparation du tableau des *Horaces*. Nues, les Sabines; nus, sous une draperie flottante, les combattants.

M. SERIZIAT.
(Musée du Louvre.)

On se moque de ces hommes casqués, « sans culottes ». Qu'importe! David est convaincu que là est la vérité. Certains de ses élèves l'encouragent, inaugurent des costumes sommaires, presque cyniques.

Pour figurer dans le tableau des *Sabines*, David ne trouve aucune femme assez belle, nulle anatomie d'homme assez noble. Les professionnels de la table à modèle sont rejetés. Heureusement que les mœurs de l'époque ne sont point sévères. Les modes féminines sont aussi déshabillées que possible. Aussi, certaines d'entre les plus belles personnes croient-elles méritoire de mettre leur beauté à la disposition d'un artiste illustre. Trois jeunes dames de la meilleure société se dévoilent devant le peintre, qui choisit parmi elles l'épouse de Romulus, Hersilie aux cheveux blonds; Mme de Bellegarde posa la figure de la brune Sabine. Bayard, son élève, devint Romulus, et le danseur Degville, Tatius. Le bambin qui se roule entre les combattants fut posé également par un modèle occasionnel, le jeune Paganel, qui devint plus tard un fonctionnaire gourmé.

Les modèles, hommes et femmes, ne laissèrent pas que de tirer quelque vanité du choix du peintre. Les femmes, surtout, accueillirent avec joie les éloges des rédacteurs du livret de 1795 et ceux de Renou qui, dans le discours prononcé à l'occasion de la distribution des récompenses, glorifia les aimables personnes qui avaient apporté au peintre, à l'exemple des beautés grecques, le secours de leurs formes et de leur grâce.

Tout à son œuvre, David n'abandonne les *Sabines* que pour se rendre à l'Institut, nouvellement créé, et dont il est membre pour la section de peinture de la classe des Beaux-Arts.

Au Salon de 1795 il avait envoyé les portraits de M. et Mme Seriziat. Ces deux peintures, qui font aujourd'hui l'admiration des visiteurs du Louvre, ne passèrent cependant pas sans critique au moment de leur exposition. Un des écrivains d'art les plus importants de l'époque, Amaury-Duval père, reprocha une fois de plus à David de sacrifier les physionomies aux accessoires : « le visage de M. Seriziat manque de rondeur et de vie, mais la culotte de peau, les bottes, etc., sont rendues avec une grande vérité ». Pour Mme Seriziat : « La tête est pleine de vie, mais le ton est dur et cru. Il y a aussi quelque embarras dans l'attitude de la figure ; on ne sait si elle est assise ou debout. » On dit aussi que l'enfant était de Van Dyck.

Il faut louer le critique pour sa sincérité, mais en pensant qu'il fut bien sévère pour ces beaux portraits. Le temps a, sans doute, fait disparaître les duretés de couleur de jadis, mais les attitudes n'ont pas changé et il serait ridicule de les souhaiter autres : l'école anglaise elle-même envierait le gracieux sourire qui éclaire le visage de Mme Seriziat et trouverait heureusement piquante la façon nonchalante avec laquelle elle s'appuie au rebord de la table.

Préoccupé de frapper un grand coup avec le seul tableau des *Sabines*, David n'envoya rien aux Salons qui

Cliché Neurdein

LES SABINES.
(Musée du Louvre.)

suivirent. Il aurait cependant pu, à défaut de tableaux d'histoire, exposer quelques-uns des beaux portraits qu'il exécutait par passe-temps. Mais il considérait ces travaux comme appartenant à un art inférieur, bon tout au plus à assurer aux artistes un revenu sûr et immédiat.

En 1795, Blauw et Meyer, ministres plénipotentiaires des Provinces-Unies, lui avaient demandé leur portrait. Le premier lui écrivait : « J'ai voulu plus encore avoir dans ce portrait un monument éternel de mon étroite liaison avec le premier peintre de l'Europe. » Et il ajoutait : « Les grands services que vous avez rendus à la Révolution française par les fêtes civiques que votre génie a dirigées, que de titres à mon admiration ! » Le portrait de Meyer connu, grâce à son triple gilet écarlate, sous le sobriquet de l'*Homme rouge*, est, par suite de la disparition de son propriétaire, resté dans la famille de David. — Puis ce fut le délicieux portrait de la sœur d'Eugène Delacroix, Mme de Verninac. Drapée à l'antique dans une robe blanche qui laisse deviner, sous ses plis, un corps souple et élégant, la jeune femme est présentée assise, le corps effacé, la tête de face ; son bras, une merveille de raccourci et de modelé, pend avec une grâce aisée. Cependant c'est à l'occasion de cette belle œuvre que David témoigna le mieux son humeur contre la peinture de portrait. A M. de Verninac qui aurait désiré que le portrait de sa femme figurât au Salon de l'an VIII, le peintre écrivit : « Il serait ridicule qu'un artiste comme moi exposât simplement un portrait tel bon qu'il soit. » Et pour ôter à M. de Verninac toute envie d'insister, il ajoutait : « Je suis occupé en ce moment à faire encore une autre belle femme, Mme Récamier. C'est un tout autre genre de beauté. Je pense qu'elle voudra que son portrait soit exposé; alors j'aurai l'honneur de vous en prévenir et de vous prier en même temps de me permettre d'y joindre celui de Mme de Verninac. » — Peut-être eût-il plus volontiers exposé une composition exécutée vers le même temps et destinée à un amateur russe, le prince Yousoupoff. Le sujet : *Phaon, Sapho et l'Amour.* Mais l'acquéreur emporta l'œuvre aussitôt son achèvement. Si l'on se base sur la description qu'en a laissée Lenoir, le coloris de ce tableau aurait quelque similitude avec celui de *Pâris et Hélène.* C'est-à-dire qu'il se ressentirait des sympathies flamandes de David.

En juin 1800 David travaillait donc au portrait de Mme Récamier. Il dessinait avec amour le galbe du pur visage de la jolie jeune femme, présentée nonchalamment étendue sur une chaise longue; il reculait autant que possible le moment où la pâte épaisse, succédant au frottis léger, couvrirait le dessin : Ingres, dit-on, l'aidait pour les accessoires. Un beau jour David apprit que son beau modèle le quittait pour Gérard, alors fort à la mode. David dépité abandonna son ouvrage. Est-ce un mal, est-ce un bien? En admirant au Louvre l'ébauche magistrale si complète sous sa couleur légère, transparente, on penche pour le bien. Qui sait si David aurait été heureux jusqu'au bout?

Cliché Neurdein.

MADAME RECAMIER.

Musée du Louvre.

Ces portraits avaient laissé à David assez de temps pour achever l'œuvre qui seule lui importait : les *Sabines*. Depuis la fin de 1799 la grande composition était terminée. Les élèves, les rares privilégiés admis à la voir en disaient merveille. La curiosité était extrême, tant de légendes couraient sur le tableau, ses modèles ! Aussi David songea-t-il à monnayer le succès certain, en présentant son œuvre dans une exposition particulière et payante. Le Directoire ayant mis à la disposition du peintre la salle de la ci-devant Académie royale d'architecture, l'exposition ouvrit le 30 frimaire an VIII (21 décembre 1799). Le billet d'entrée était de 1 fr. 80 et donnait droit à la délivrance gratuite d'une notice où, après avoir expliqué qu'il organisait cette exposition payante à l'exemple de Van Dyck et des peintres de la Royal Academy, David développait ses idées sur l'art et plaidait la cause de ses personnages présentés nus :

« Une objection qu'on m'a déjà faite, et qu'on ne manquera pas de reproduire, c'est celle de la nudité de mes héros... C'était un usage reçu parmi les peintres, les statuaires et les poètes de l'antiquité, de représenter nus les dieux, les héros, et généralement les hommes qu'ils voulaient illustrer. Peignaient-ils un philosophe ? il était nu, avec un manteau sur l'épaule, et les attributs de son caractère. Peignaient-ils un guerrier ? il était nu, le casque en tête, l'épée attachée à un baudrier, un bouclier au bras, et des brodequins aux pieds ; quelquefois ils y peignaient une draperie, quand ils jugeaient qu'elle pouvait ajouter à la grâce de sa figure : ainsi des autres. » A l'appui de sa thèse il cite la figure de *Phocion* « nouvellement arrivée de Rome », le *Castor et Pollux* de Monte-Cavallo, l'*Achille Borghèse*, le bas-relief de *Persée et Andromède* que l'on pouvait voir chez le statuaire Giraud, dans son musée, place Vendôme. Et il termine : « En un mot, mon intention, en faisant ce tableau, était de peindre les mœurs antiques avec une telle exactitude que les Grecs et les Romains, en voyant mon ouvrage, ne m'eussent pas trouvé étranger à leurs coutumes. »

L'exposition des *Sabines* dura jusqu'au mois de floréal an XIII. Le succès répondit à l'espoir de David. Il avait promis à ses élèves que lorsque les entrées auraient dépassé 24 000 francs, il leur offrirait à dîner, s'engageant à renouveler l'invitation chaque fois que pareille somme serait atteinte. Il les convia, par trois fois, aux agapes promises. Le chiffre des entrées dépassa donc 72 000 francs ; avec cette somme il acheta une propriété rurale, dite la ferme de Marcoussis, dépendant du territoire d'Ozouer-le-Voulgis.

Vers le même temps, Regnault, qui avait suivi l'exemple de David pour l'exposition des *Trois Grâces*, de la collection Lacaze, subissait un échec piteux. Ces expositions payantes n'étaient au reste point populaires, et David dut céder devant les critiques acerbes de la presse lorsqu'il tenta de placer le *Napoléon passant le mont Saint-Bernard* à côté des *Sabines* dont l'exposition durait

Cliché Deloeul.

LE FLÛTISTE DEVIENNE.
(Musée de Bruxelles.)

encore. S'adressant indirectement à David, Chaussard écrivait : « C'est une spéculation déshonorante que de revendre au public une simple inspection de portraits, lorsqu'on doit en avoir reçu un double salaire, surtout lorsqu'on possède un riche patrimoine. Le génie et l'intérêt ne doivent pas habiter ensemble. »

Ce portrait de Napoléon était le second que peignait David : les relations de David et du général étaient déjà lointaines. A l'époque de la campagne d'Italie, alors que David avait encore à subir les tracasseries de ses ennemis politiques, Bonaparte lui avait fort obligeamment offert un asile dans son camp. Le général en chef de l'armée d'Italie avait aussi fait le meilleur accueil à Gros, alors presque inconnu, mais paré du titre d'élève de David. Aussi, lors de la réception officielle de Bonaparte par le Directoire, après le traité de Campo-Formio, David, qui assistait à la cérémonie, s'empressa-t-il auprès du héros. La causerie fut amicale et se renouvela peu de jours après à un dîner chez le secrétaire général du Directoire, Lagarde, où Napoléon exigea une place à côté du grand peintre.

C'est à la suite de cette seconde entrevue que Bonaparte consentit à poser devant David. Celui-ci, sachant combien était précieux le temps de son modèle, dessina par avance le fond de sa toile, qui avait neuf pieds sur sept. Le général était représenté sur le plateau de Rivoli, descendu de cheval, le regard porté au loin. Il tenait à la main le traité de Campo-Formio. Des chevaux et l'état-major occupaient le reste du tableau.

La première et unique séance dura trois heures. Elle permit néanmoins à David d'exécuter une ébauche très poussée de la tête du général. L'œuvre ne fut jamais terminée. Acquise, à la vente de l'atelier de David, par Denon, celui-ci découpa la toile et conserva la seule partie achevée.

Peu de jours après la séance dont il vient d'être parlé, Bonaparte partait pour l'Égypte. Il n'oubliait pas David. C'est à lui qu'il comptait demander, à son retour, une caractéristique effigie. Mais pas plus que pour le premier portrait il n'entendit perdre du temps à poser.

« Je vous peindrai, lui dit David, l'épée à la main dans un combat.

— Non, mon cher David, ce n'est pas avec l'épée qu'on gagne des batailles. Je veux être peint, calme, sur un cheval fougueux. »

Et David, sans modèle ou presque, peignit le *Bonaparte au mont Saint-Bernard* que conserve le musée de Versailles et dont il existe quatre répétitions avec variantes appréciables.

La notoriété de David était alors extrême. Vers la fin de janvier 1800 le bruit se répandit que Bonaparte, devenu premier consul, allait offrir à David la place de surintendant des Beaux-Arts. Le 7 février suivant, un décret nommait, en effet, « le citoyen David peintre du gouvernement ». David, qui se souvenait des inconvénients de sa dictature révolutionnaire et voyait l'avenir encore incertain, refusa, dans une lettre rendue publique, un emploi qui, disait-il, « ne paraîtrait être profitable qu'à moi seul et nullement à l'art et aux artistes, objets uniques de ma sollicitude ».

Il n'accepta pas davantage un siège au Conseil d'État ou au Sénat, créés par la constitution de l'an VIII. « Les places passent; j'espère que mes œuvres resteront », dit-il fort sagement. Mais, pour le siège de sénateur, il proposa à Napoléon son maître Vien, en l'honneur de qui, le 30 brumaire an IX (11 novembre 1800), il organisa un banquet où prirent place près de cent convives : tous les élèves de David et la plupart de ceux de Vien.

Quoique David eût protesté contre l'enlèvement des œuvres d'art qui décoraient les villes d'Italie au profit des musées français, il conseilla les organisateurs de la fête donnée lors de leur arrivée à Paris. Elle dura deux jours et ce fut comme le dernier écho des belles cérémonies révolutionnaires dont il élaborait jadis le programme. Il composa aussi, dit-on, les modèles des bas-reliefs qui entrèrent dans la décoration de la pompe funèbre célébrée en l'honneur des plénipotentiaires français victimes du guet-apens de Rastadt. Ce n'était là que passe-temps. La grande préoccupation de David était de donner un pendant aux *Sabines*. Il s'arrêta à l'action de Léonidas défendant le défilé des Thermopyles. Ce sujet devait plaire. L'héroïsme militaire était en faveur : on jouait même une pièce à la gloire de Léonidas. Restait à choisir l'épisode le plus caractéristique. David, pensant que des cerveaux plus jeunes que le sien devineraient ce qu'il cherchait en vain, donna le sujet en concours à ses élèves. Aucun projet ne le satisfit. Les uns peignirent Léonidas entraînant ses compagnons au combat : les autres, les Grecs expirant sous le nombre des ennemis. Ce n'est pas cela qu'entendait exprimer David : « Je veux dans ce tableau, disait-il à son élève Delécluze, caractériser ce sentiment profond, grand et religieux, qu'inspire l'amour de la patrie. Par conséquent, je dois en bannir toutes les passions qui non seulement y sont étrangères, mais qui en altéreraient encore la sainteté... Léonidas sera calme, il pensera avec une joie douce à la mort glorieuse qui l'attend ainsi que ses compagnons d'armes. »

Ainsi naquit le tableau compassé, froid, davidien dans la mauvaise acception du mot, que l'on connaît. Il faut dire que les circonstances ne se prêtèrent point à son prompt achèvement et que les événements, les courants politiques, l'âge, empêchèrent David de réaliser sa pensée dans toute sa pureté. Commencé en 1799, repris en 1804, le *Léonidas* ne fut terminé qu'après 1815.

En dehors de ces travaux, David devait donner encore un peu de son temps à l'Institut et aux projets divers, intéressant l'art, auxquels on le mêlait bon gré, mal gré. Parfois, Bonaparte venait le prendre à son atelier, l'emmenait à travers Paris afin de causer avec lui et *de visu* des modifications qu'il voulait apporter à l'aspect de la ville. Mais David, vite fatigué de ces promenades, pria Bonaparte de s'adresser aux architectes Percier et Fontaine dont le peintre prisait fort le talent. En agissant ainsi,

David avait de bonnes raisons. Pour s'être récemment mêlé du concours motivé par l'érection, à Paris et dans les chefs-lieux départementaux, des colonnes à la gloire des soldats français morts pour la patrie, il s'était attiré maints ennuis.

Mais, hélas! pourquoi faut-il que, vers ce même temps, David, si avare de son temps et soigneux de sa réputation, n'ait pas craint, par servilité pour le futur empereur, de compromettre sa dignité en abandonnant lâchement ceux de ses amis qui étaient restés fidèles à l'idéal républicain? Plusieurs de ses anciens élèves et amis, notamment Ceracchi et Topino-Lebrun, étaient compromis dans l'attentat dirigé contre Bonaparte à la sortie du Théâtre-Français. On accusait Topino d'avoir donné le dessin des poignards libérateurs. Topino-Lebrun et Ceracchi citèrent David comme témoin à décharge. Par de certains mots, le grand peintre pouvait émouvoir les juges. Il ne trouva pas ces mots ou ne voulut pas les prononcer. La condamnation à mort de Topino-Lebrun et de Ceracchi s'ensuivit.

David, le républicain David, le peintre de Marat et de Bara, était décidément mûr pour la « tyrannie » (1).

Il n'était pas le seul, il est vrai!

IV

Nommé chevalier de la Légion d'honneur le 18 décembre 1803, pourvu d'un titre et d'un semblant de

(1) On abusait un peu de ce mot en ce temps-là.

blason. David accepta, en effet, de Napoléon empereur, les fonctions de premier peintre qu'il avait refusées de Napoléon premier consul. Il entendit même les étendre au delà de la volonté de l'empereur et rédigea à ce sujet une série de mémoires en vue de se faire attribuer le despotique pouvoir de Lebrun. David n'obtint pas cette satisfaction, peut-être à cause de Denon, le spirituel directeur général du Musée qui, consulté en tout et pour tout par l'entourage impérial, sut plus d'une fois modérer la soif de domination qui reprenait David.

Le titre de premier peintre assurait à David le privilège d'exécuter les tableaux officiels et de fixer le souvenir des grands événements du règne.

Pour ses débuts, il dut peindre le pape Pie VII. Celui-ci, amené de force à Paris et emprisonné, plutôt que logé, aux Tuileries, supportait mal la contrainte. David sentit cela vivement et rendit la physionomie du Souverain-Pontife avec une conscience et une vérité qui émeuvent. L'attitude est soumise, mais le regard profond, sous l'œil bien enchâssé, reste observateur, guette, ne désarme pas. Les mains fines, nonchalamment appuyées, pourraient à un moment esquisser un signe de révolte, une menace. Cependant cette œuvre, si parfaite, fut peu comprise lorsque, en mars 1804, elle fut exposée au Luxembourg. Le *Journal des Débats* critiqua l'exiguïté de la toile et reprocha à David de n'avoir point idéalisé son modèle.

David, peu après, exécutait un portrait en pied de l'Empereur revêtu de ses habits impériaux. Ce portrait était

MADEMOISELLE CHARLOTTE DU VAL-D'OGNES
appartient à M. le colonel Harduin de Grosville.

destiné au tribunal de la ville de Gênes. Comme toujours. Napoléon se refusa à poser. Or, ce qui passionnait David portraitiste, c'était l'étude de la physionomie du modèle. Obligé d'être superficiel, il se désintéressa donc de cette œuvre, qu'il fit exécuter d'après une esquisse sommaire par son élève Georges Devilliers, un artiste doué d'un pinceau habile et expéditif. L'œuvre avait des faiblesses. Elle fut justement critiquée par l'entourage impérial. Napoléon ne cacha point son sentiment, comme en témoigne cette lettre adressée, le 4 juillet 1806, au comte Daru : « Je viens de voir le portrait qu'a fait de moi David. C'est un portrait si mauvais, tellement rempli de défauts que je ne l'accepte point et ne veux l'envoyer dans aucune ville, surtout en Italie où ce serait donner une mauvaise idée de notre école. »

La mésaventure qui arrivait à David n'avait point tardé à être connue. Ses ennemis se réjouissaient. Il eut cependant une consolation. L'un d'eux, Regnault, avait également exécuté un portrait de l'Empereur et son œuvre n'avait pas été plus goûtée que celle de David. Celui-ci, rencontrant son collègue à l'une des séances de l'Institut, lui dit : « Eh bien, Regnault, l'Empereur n'est pas content de nos portraits. Peut-être est-ce bien parce que je n'ai pas peint le mien, comme on le dit, et que tu as peint le tien, toi ! »

David devait bientôt prendre sa revanche, et d'une façon plus noble, en affirmant sa science dans deux vastes compositions qui placent son nom très haut dans l'histoire de l'art.

Quatre cérémonies avaient signalé l'avènement de Napoléon au trône : le Sacre et l'Intronisation de l'Empereur, la Distribution des aigles, la Réception de l'Empereur à l'Hôtel de Ville. Les deux premières eurent lieu à Notre-Dame le 2 décembre 1804 ; la troisième, au Champ-de-Mars, le 5 ; enfin la quatrième fut fixée au 16 du même mois. David, qui avait été invité officiellement à ces quatre cérémonies, fut chargé d'en fixer le souvenir. Seuls, le *Sacre* et la *Distribution des Aigles* ont été complètement exécutés : l'*Arrivée à l'Hôtel de Ville*, mise au carreau sur la toile, n'est plus connue que par le dessin, lavé d'encre de Chine, qui se trouve aujourd'hui au Louvre. De l'*Intronisation* il ne reste rien, si ce n'est un léger croquis tracé sur les feuillets d'un album en la possession de M. Félix Barrias.

David exécuta d'abord le *Sacre*, auquel il travailla presque sans interruption du commencement de 1805 à 1808. La *Distribution des Aigles*, commencée aussitôt après, fut terminée pour l'ouverture du Salon de 1810.

Afin de faciliter au peintre l'exécution de ces grandes compositions, l'administration impériale mit à la disposition de David l'ancienne église du collège de Cluny, place de la Sorbonne. C'est là que le 4 janvier 1808, au moment où David terminait le *Sacre*, Napoléon lui fit une visite célèbre.

La besogne était considérable et grandes les difficultés. Aussi David se documenta-t-il le plus qu'il lui fut possible. Chaque figure fut étudiée séparément, dessinée nue d'abord et habillée ensuite. — Certains personnages jouant un rôle dans le tableau furent invités à venir poser devant David. Il existe, par exemple, un portrait ébauché de Macdonald, et, surtout, une étude très poussée du groupe formé par Pie VII et le cardinal Caprara qui n'ont pas d'autre origine.

Toutes les figures, même les plus secondaires, ainsi établies, David dut fixer sa composition. Mais cela n'alla pas tout seul. Dans ces tableaux officiels, rien ne devait être laissé au hasard. La maison de l'Empereur, Napoléon lui-même, étudiaient les esquisses de David, et les objections n'étaient pas ménagées.

Dans le projet primitif, Napoléon prenait la couronne des mains du Pape et la plaçait lui-même sur sa tête. Deux importants dessins de David conservent le souvenir de cet orgueilleux geste historique. Mais, alors que la figure était déjà peinte, on se ravisa et Gérard fut dépêché auprès de David pour lui faire modifier le geste de l'Empereur et l'attitude atterrée du pape, si bien rendue dans les études préparatoires. L'arrogant Empereur devint dès lors un personnage compassé, soucieux de poser avec dignité sur la tête de sa compagne une parure désirée, en l'espèce, la couronne impériale.

L'œuvre, aussitôt terminée, fut exposée au Louvre, dans le grand salon du Musée, en attendant l'ouverture du Salon de 1808, où David envoyait également un portrait de l'Empereur en habits impériaux, commandé par Jérôme Bonaparte, roi de Westphalie. Le succès fut considérable, les journaux adressèrent au peintre des louanges dithyrambiques, et Napoléon, en témoignage de satisfaction, nomma son premier peintre officier de la Légion d'honneur.

David se mit aussitôt après à la *Distribution des Aigles*. Pour cette nouvelle œuvre, il prit des précautions identiques à celles du *Sacre*, dessinant à plusieurs reprises chaque figure, nue, puis habillée. Il crut bien faire aussi en s'inspirant, pour les attitudes, d'œuvres du passé. Sur le curieux album en possession de M. Félix Barrias on voit, à côté de schémas du Gladiateur et du Mercure de Jean de Bologne, des études d'après le modèle pris dans la même pose. Et ce Mercure, ce Gladiateur deviendront un maréchal, un préfet ou simplement un de ces soldats qui fougueusement jurent fidélité à l'Empereur. — On a parlé aussi d'emprunts faits à l'Apollon du Belvédère, c'est là une erreur. David estimait peu cette statue.

Au sujet de l'agencement des tableaux et des personnages représentés, David dut s'incliner encore une fois devant les nécessités politiques. Pour être moins caractéristiques, les modifications qu'a subies la *Distribution des Aigles* ne laissent pas d'être intéressantes. Par exemple, la fidélité de détails du tableau des *Aigles* capitula devant certaines convenances. Par suite du divorce impérial, survenu au cours du travail de David, celui-ci fut dans l'obligation de faire disparaître la figure de Joséphine. Il masqua le vide laissé par son absence, en forçant visiblement la pose du prince Eugène et de la reine Hortense.

Mêmes variations dans l'ordonnance générale. Sur un dessin que je possède et qui est la toute première idée de David, Napoléon occupe le centre de la composition. Il est enveloppé dans les plis des drapeaux tenus verticalement. Un peu en arrière se tient l'Impératrice. La mêlée enthousiaste de ce dessin disparaît dans celui très poussé que l'on peut voir au Louvre, dessin qui fut présenté à l'approbation de l'Empereur. A gauche, Napoléon, Joséphine, les maréchaux et les assistants; à droite, le groupe compact des porte-drapeaux. Dans les airs, selon une note de David, « la Victoire fait pleuvoir sur la tête des Drapeaux une pluie de lauriers, présage des nouveaux triomphes qui les attendent ».

Cette figure allégorique doit, dans la pensée de David, assurer l'unité de l'œuvre. C'est elle que les assistants regardent, c'est à elle que vont les acclamations des maréchaux. Napoléon la fit cependant retrancher. Ce n'est qu'à regret que David s'exécuta, et il écrivit sous un des croquis de la figure de Victoire : « Cette figure était destinée à entrer dans le tableau des *Aigles*, c'est l'Empereur qui ne l'a pas voulu ; on voit par l'attitude des maréchaux qu'elle était indispensable. » Et cette pensée est tellement ancrée en lui, qu'il ne modifia pas l'attitude des hauts personnages dont les regards se portent non sur les Aigles, mais vers le ciel.

Dans l'œuvre définitive, l'Empereur et les assistants n'occupent plus qu'un tiers du tableau et laissent se développer dans une ampleur décorative la théorie des héros qui s'engagent à porter haut la gloire impériale. Mais pour belle et tumultueuse que soit la mêlée, elle manque de naturel. Les hommes qui se pressent simulent le mouvement, sans avoir la vie. Les étendards sont savamment groupés, mais sans vérité. Il faut la grandeur de la scène, l'impeccabilité du détail pour que toutes ces attitudes forcées, inspirées trop souvent du Mercure ou du Gladiateur, se fondent dans une harmonie qui paralyse toute critique. David s'était fait aider pour l'exécution des tableaux du *Sacre* et des *Aigles*, par son élève Georges Rouget. Ce second tableau figura au Salon de 1810. Les applaudissements, si nourris lors de l'exposition du *Sacre*, se firent plus rares. L'opinion du rédacteur des *Débats*, Boutard, est cependant juste dans la critique comme dans l'éloge. Elle résume bien les sensations que pouvait éprouver un contemporain devant cette grande page fraîchement peinte : « Le tableau du *Serment des drapeaux* ne peut raisonnablement se comparer qu'à celui du *Sacre*, mais s'il l'emporte sur ce dernier par l'effet général et l'absence de parties trop négligées, il n'offre pas non plus, ce me semble, un si grand nombre de parties excellentes. Ce serait donc, à mon sens, un ouvrage plus agréable et moins fort. »

D'autres étaient injustes. C'est que, tout puissant qu'il était, David continuait à avoir des ennemis. Nombre de ses collègues de l'Institut le détestaient, notamment les anciens académiciens qui ne laissaient échapper aucune occasion de mettre en échec l'école davidienne. Vien étant

Cliché Neurdein.

NAPOLEON PASSANT LE MONT SAINT-BERNARD.
(Musée de Versailles.)

mort en 1809, Prudhon, Gros, Gérard et Guérin, qui représentaient l'école nouvelle, postulèrent son fauteuil. L'Institut choisit Ménageot de l'ancienne Académie. Vers la même époque, sous prétexte qu'il avait été, de tout temps, ennemi de l'enseignement officiel, on exclut David de la commission de réorganisation de l'école des Beaux-Arts. Enfin, Joachim Lebreton, le secrétaire perpétuel de la classe des Beaux-Arts, dans son célèbre rapport sur les Prix décennaux, attacha peu d'importance à l'influence pourtant incontestable que David avait eue sur l'école française de peinture. Cette hostilité s'accusa encore dans la distribution des récompenses accordées à l'occasion de ces mêmes prix. On donna bien la première place au *Sacre*, mais on plaça la *Scène du Déluge*, de Girodet, au-dessus des *Sabines*. Pour affirmer sa suprématie et mettre en échec l'esprit académique, David demanda, alors, à être nommé directeur de l'Enseignement public à l'École de peinture et de sculpture. Cette satisfaction lui fut refusée.

Ces mortifications ainsi que les difficultés qu'il avait à obtenir le paiement des sommes qui lui étaient dues pour les tableaux du *Sacre* et des *Aigles*, éloignèrent David des commandes et du monde officiel. Il reprit son *Léonidas* et consentit à peindre quelques portraits. Certains, tout intimes, fixèrent les traits de Mme David, de ses filles et gendres, de ses « bons amis » Mongez; d'autres, comme ceux de Mme Daru, de Français de Nantes en costume de conseiller d'État, du comte Estève, — qui devait rester à l'état d'ébauche, — de M. Delahaye, répondaient à des commandes ou à des obligations contractées. Enfin, un Anglais admirateur de Napoléon, lord Douglas, lui commanda un portrait en pied de son idole. Ce portrait, qui eut, cette fois, l'heur de satisfaire l'Empereur, montrait Napoléon en uniforme des chasseurs de la garde, se levant de son bureau. Des bougies mi-éteintes, l'épée déposée sur un fauteuil, indiquaient que le souverain venait de passer la nuit au travail.

Parallèlement, le tableau des *Thermopyles*, auquel collaborait Rouget, avançait. Son auteur, quoique vieillissant, espérait encore de longues années de gloire et de travail.

Mais survint 1814.

V

David avait cru à la fortune de Napoléon. Lui, si circonspect de 1795 à 1800, avait accepté tout de l'Empereur. Sa famille entière avait partagé sa confiance. Au moment de la débâcle, son fils aîné, Jules, était sous-préfet à Stadt, en Hanovre; le cadet, Eugène, qui avait vaillamment conquis ses grades, était chef d'escadrons de cuirassiers. Ses deux filles Émilie et Pauline avaient épousé, l'une le colonel Meunier, l'autre le colonel Jeanin, deux officiers fermement attachés à la gloire impériale. Les événements de 1814 ne furent donc pas accueillis sans inquiétude dans la famille de David. Le conventionnel et le premier peintre de l'Empereur pouvait tout craindre

Cliché Neurdein.

LE PAPE PIE VII.
(Musée du Louvre.)

des Bourbons. Aussi, afin de parer à toute éventualité, les tableaux du *Sacre* et des *Aigles*, les portraits de Napoléon et divers autres œuvres furent retirés de l'atelier du peintre et cachés. Les craintes étaient vaines. Le gouvernement de Louis XVIII n'inquiéta point David, tout au plus l'éloigna-t-on de certaines cérémonies. Il fut, par exemple, prié de ne pas assister à la distribution des prix de Rome, présidée par le duc d'Angoulême; on ne l'encouragea pas non plus à envoyer ses œuvres au Salon. Par contre, il ne lui fut pas interdit d'exposer dans son atelier les *Sabines* et *Léonidas* revenus de leur cachette. Les étrangers, si nombreux alors à Paris, firent la fortune de cette exposition. Chacun était curieux de voir les travaux d'un peintre célèbre qu'on ne pouvait alors admirer qu'en France, deux ou trois de ses œuvres seulement ayant passé la frontière. Seule, cette exposition rappela donc le nom de David qui, enfermé dans son atelier, achevait les portraits commencés et mettait au point diverses compositions, notamment un *Apelle et Campaspe* qu'il devait exécuter en exil.

Mais voilà qu'à la fin de l'hiver de 1815 survient un grave événement. Napoléon a touché la terre de France; le 20 mars, il est à Paris. Ceux qui étaient condamnés au silence et aux vexations respirèrent. Certes, l'avenir menaçait. Mais qu'importait le futur, obscur et incertain, si le présent était prometteur? Et puis, des hommes qui avaient vécu Quatre-vingt-treize ne pouvaient s'émouvoir d'un instant d'incertitude. David fut des premiers à saluer Napoléon. Sous le prétexte d'admirer *Léonidas*, récemment achevé, celui-ci rendit courtoisement sa visite au peintre qu'il nomma commandeur de la Légion d'honneur, tandis que ses fils et gendres étaient réintégrés dans leurs fonctions et grades avec avancement.

Avec tous les libéraux, David signa les fameux actes additionnels qui excluaient les Bourbons du trône. Jamais, depuis les sombres jours de la domination de Robespierre, le peintre n'avait pris une détermination aussi périlleuse. Napoléon vaincu, c'était s'exposer irrémédiablement à la vengeance du gouvernement royal. Ce qui arriva. Au commencement de 1816, une loi condamnait à l'exil les régicides signataires des actes additionnels.

David n'avait pas attendu cette loi pour mettre en sûreté ses œuvres et sa personne. Aussitôt la nouvelle de la défaite définitive de Napoléon connue, il avait fait recouvrir de céruse le *Lepelletier* et le *Marat*, couper en trois morceaux le *Sacre* et les *Aigles* et les avait fait acheminer avec d'autres œuvres dans un port de l'ouest de la France : lui-même était parti pour la Suisse. La loi d'exil votée, il choisit pour résidence Bruxelles, Rome lui étant interdit.

Il avait alors soixante-sept ans. Son talent déclinait, mais sa gloire était grande. Avec beaucoup de bassesse, il aurait peut-être obtenu sa grâce. Il eut assez de caractère pour résister aux prières de ses élèves et de certains amis qui voulaient le retenir et, fort dignement, il prit le chemin de l'exil en compagnie de ses anciens collègues, Sieyès, Cavaignac, Letourneur, Cambacérès et Thibaudeau.

Cliché Lévy.

LA CÉRÉMONIE DU SACRE DE NAPOLÉON.
(Musée du Louvre).

Son arrivée à Bruxelles fut un triomphe. Ses élèves belges Odewaere, Navez, Paelinck, Moll, Stapleaux, clamèrent sa gloire. Le roi Guillaume Ier fut d'une courtoisie charmante. Aussi, lorsque le roi de Prusse l'invita à passer à Berlin, en lui garantissant un traitement supérieur à celui que Napoléon lui servait comme premier peintre, s'empressa-t-il de refuser. David aimait les Flandres, leur lumière, leur vie large, leurs peintres. Les quelques excès de couleur qu'il se permit vers 1788-89 et après 1815 correspondent à des séjours en Belgique. Ce n'est pas en vain que David avait autrefois daté une de ses lettres d'Anvers, « à l'ombre de l'épée de Rubens ».

Dans Bruxelles, la ville d'Europe qui, avec Vienne, ressemble le plus à Paris, David ne se sentit pas dépaysé; il adorait la musique, le théâtre et était servi à souhait. Aussi se mit-il avec ardeur au travail. Mais l'âge lui venait. Sa main n'était plus aussi ferme; ses yeux faiblissaient, il devait porter des lunettes. Les mieux intentionnés parmi ses élèves avaient déjà eu occasion d'établir une comparaison défavorable entre les morceaux du *Léonidas* dessinés ou peints avant 1804, et ceux récemment achevés. La décadence ne fit que s'accentuer dans l'*Amour quittant Psyché*, *Télémaque et Eucharis*, la *Colère d'Achille*, la *Bohémienne disant la bonne aventure*, et surtout dans *Mars désarmé par Vénus et les Grâces* (1824), où le dessin lourd et la couleur vulgaire aggravent une composition sans esprit. David avait alors, il est vrai, soixante-seize ans et la maladie interrompait fréquemment son labeur. Mais la curiosité que provoquait un tableau de David était telle que cette toile, exposée à Bruxelles au profit des hospices de Sainte-Gertrude et des Ursulines, attira nombre de visiteurs. Ce succès poussa l'un des fils de David, Eugène, à organiser, à Paris, rue de Richelieu, au coin du boulevard, une exposition des œuvres de son père où les premiers travaux du peintre : *Andromaque*, les figures d'*Hector*, de *Patrocle*, de *Romulus*, la copie de la *Cène*, d'après Valentin, accompagnaient les productions récentes et notamment le *Mars*. La presse ne manqua point de commenter les dernières œuvres de David. Il y eut des éloges outrés et des critiques. Adolphe Thiers, dans un article de la *Revue Européenne*, écrivit fort justement à propos du *Mars désarmé par Vénus et les Grâces* : « Admire-t-on les belles lignes, les couleurs éclatantes, même au détriment de la vérité? Ce tableau doit être déclaré un chef-d'œuvre, car il est à l'extrémité de la route où s'est engagé M. David. Pense-t-on, au contraire, que le style ne doit pas aller jusqu'à la prétention académique, que le dessin ne doit pas aller jusqu'à l'imitation des statues, la couleur jusqu'à un fatigant cliquetis de tons, jusqu'à une transparence affectée et au luisant du verre? Alors on considérera le tableau de M. David comme un ouvrage renfermant de belles parties d'exécution, mais dangereux peut-être à proposer comme modèle, et enfin, comme le dernier terme d'un sytème qui fut bon quand il servait de correctif, qui ne l'est plus quand il tend vers un

LA DISTRIBUTION DES AIGLES.
(Musée de Versailles.)

excès qui a besoin lui-même d'être réprimé à son tour. »

Dans les portraits exécutés durant l'exil par David, la décadence est moins sensible. Si le dessin et la facture s'amollissent un peu, par contre, l'observation demeure. Et puis, les théories, les dangereuses théories n'ont que faire ici. C'est le temps où il exécuta les portraits du général Gérard, d'Alexandre Lenoir, du comte de Turenne, de la comtesse Vilain XIV et de sa fille, de Mlle Juliette de Villeneuve, du prince de Gàvre et ceux de ses compagnons d'exil, Alquier, Sieyès et Ramel dont il portraitura aussi la femme. Enfin, une série de portraits fort intéressants, par exemple ceux des filles de Joseph Bonaparte, de Mme Van Thieghem et de ses deux filles, furent exécutés sous les yeux de David, mais non par lui, à ce qu'il semble.

L'exposition de la rue de Richelieu marqua le dernier triomphe de David, à Paris. Son départ de France avait forcément amoindri son influence. Afin de perpétuer son enseignement, ses élèves s'étaient adressés à Gros. Celui-ci, selon sa propre expression, « les prit en dépôt ». Mais quelque chose était changé. D'autres tendances s'affirmaient. Les romantiques se levaient, qui allaient faire bon marché des théories davidiennes, compromises, au reste, par quelques disciples sans génie ni originalité. La petite phalange groupée autour de Gros faisait face à l'ennemi le mieux qu'elle pouvait. En 1823, sur l'initiative de Gros qui fut, tout le temps de la proscription de David, le plus dévoué et le plus exquis des amis, une médaille en l'honneur de David avait été gravée par Galle et portée à David par Gros lui-même, au nom de toute l'école ; Debret, l'ancien massier et le doyen de l'atelier, réunissait aussi ses camarades en un banquet annuel. Pour perpétuer le souvenir de ces agapes, Debret avait soin de lithographier un dessin de David dont les fac-similés étaient distribués à chacun des convives. On ne se séparait jamais sans envoyer un salut au proscrit. Beaucoup faisaient le pèlerinage de Bruxelles. Il se trouvait même, parmi les voyageurs, des jeunes gens de l'autre camp. Un visiteur frappa un jour à l'atelier de David. C'était Géricault, le porte-fanion du groupe où Delacroix n'était encore que simple soldat.

Ces sympathies spontanées doraient la vieillesse de David que la paralysie gagnait. Il s'efforçait cependant d'aller chaque soir au théâtre de la Monnaie, où un fauteuil lui était réservé. Un jour il ne vint pas. Puis un autre. Ses absences se multiplièrent. C'était la fin. Il s'éteignit le 29 décembre 1825.

Les hommes de la Restauration restèrent inflexibles. Ils interdirent au mort, malgré les supplications et démarches de la famille, des amis et des disciples, la terre de France. David repose encore aujourd'hui au cimetière de Saint-Josse-ten-Noode.

David a traduit avec un rare bonheur les sentiments de son époque. Il a laissé sur ses goûts, ses allures, des documents essentiels qui sont le plus souvent autant de chefs-d'œuvre. Certes David s'est parfois trompé. Il a réagi avec violence et tyrannie contre l'école du XVIIIe siècle.

Cliché Neurdein.

LÉONIDAS AUX THERMOPYLES.
(Musée du Louvre.)

Mais lorsqu'au Louvre et dans certains musées et églises de province on voit l'état d'abaissement de cette école au moment où David modifia l'orientation de l'art français, lorsqu'on constate la fadeur des tonalités, la fausseté des expressions, le maniérisme de composition de la plupart des œuvres de Vincent, de Noël Hallé, de Berthélémy, de Le Bouteux, derniers représentants de l'école de Le Moyne et de Boucher, il est permis de soutenir que l'action de David fut utile, indispensable. Ses théories ont été arides, et rebutantes parfois, mais elles orientèrent l'art vers la simplicité et la franchise et permirent au génie d'Ingres de s'affirmer. Le premier réformateur, Vien, est peu de chose, David est beaucoup, Ingres est tout.

Qu'on songe aussi aux élèves qu'il a formés : à Gros, le fougueux peintre de batailles, à Gérard qui fit tant de beaux portraits, à Ingres déjà cité, à Girodet, à Riesener, à Isabey, à Granet, à Rude qui, pouvant aller à Rome, préféra suivre son maître en exil, et à tant d'autres dont les œuvres sont faites de science, de savoir, et parfois d'audace. Certes, parmi ces élèves, il y eut des médiocres, des pédants qui firent souche et enlizèrent l'enseignement davidien dans un byzantinisme absurde dont se ressentit l'art français durant une partie du XIXe siècle. Mais à cela que faire ? Quelle école est exempte de lie ? Combien de barbouilleurs se réclament de Manet et de Renoir, et de médiocres dessinateurs, de Degas !

Maintenant, si, laissant de côté le théoricien et le professeur, on ne considère que l'exécutant, on peut affirmer que l'artiste qui a peint le *Marat*, les tableaux du *Sacre* et des *Aigles*, les portraits de Lavoisier et de sa femme, ceux de Mmes de Sorcy-Thelusson et d'Orvilliers, de M. et Mme Seriziat, du flûtiste Devienne, du pape Pie VII et tant d'autres œuvres de premier ordre doit être rangé non seulement parmi les plus grands artistes de France, mais parmi les plus illustres de tous les pays.

L'art de David, après avoir été louangé au delà du raisonnable, a souffert d'un mépris de mode. Il a fallu, pour que la gloire du peintre s'affirmât à nouveau et pour toujours, le labeur d'un siècle. On a vu beaucoup des œuvres que nous avons citées aux expositions des Alsaciens-Lorrains, des Portraits du siècle, aux Centennales de 1889 et de 1900. Chaque fois l'admiration a été plus forte, le succès plus unanime. Le caractère de l'homme fut souvent détestable, le talent du peintre ne fut jamais quelconque. David vécut une époque ardente et accepta la lutte, entière, intégrale. — C'est très beau. — Il n'y a que les médiocres qui ne se trompent pas.

TABLE DES GRAVURES

TABLE DES MATIÈRES

[illegible]. — Corbeil. Imprimerie Éd. Crété.

Paris
H. Laurens
Editeur
6, Rue de Tournon

www.ingramcontent.com/pod-product-compliance
Ingram Content Group UK Ltd.
Pitfield, Milton Keynes, MK11 3LW, UK
UKHW020318180726
13839UKWH00001B/494